国際交流に託した渋沢栄一の望み

「民」による平和と共存の模索

渋沢栄一と「フィランソロピー」 5

［責任編集］
見城悌治／飯森明子／井上 潤

飯森明子［編著］

Shibusawa Eiichi and "Philanthropy"

ミネルヴァ書房

シリーズ出版『渋沢栄一と「フィランソロピー」』（全八巻）刊行にあたって

渋沢栄一（一八四〇～一九三一）は、近代日本を代表する実業家としてよく知られている。そのため、経営史・経済史の側面からの研究はきわめて多く、渋沢の企業者活動の総合的分析がまとめられるに至っている。しかしながら、渋沢が六〇〇にも及ぶ公益慈善事業（団体）にも多大な貢献をしてきたことは、あまり知られていない。そうしたなか、東京養育院を中心とした社会福祉、現在の一橋大学などを事例とした商業教育の高等化・人材の育成、太平洋問題調査会（ＩＰＲ）を通した民間外交、明治神宮建立などから見る文化事業などをめぐる個別事例研究はおこなわれているが、渋沢の「フィランソロピー」活動の全体像は把握されていない。

そこで、多方面にわたる渋沢の「フィランソロピー」活動を、八つの視点から多角的に分析し、渋沢の思想を重層的に考察する本シリーズを発刊することとする。その際、その背景にあった論語、漢学の果たした役割の再検討、渋沢の「公」、「国」、「民」、「私」に対する認識の再考も併せて果たしていきたい。

本来、フィランソロピーは、人類愛にもとづく、個人や団体の慈善活動、奉仕活動など、自発的で利他的な活動を意味する。またこれは、アメリカでよく使われる言葉で、イギリスの場合はチャリティと呼ばれることが多い。しかし、日本社会にもこのような慈善・奉仕活動は存在した。そこで、本シリーズではキリスト教との繋がりが深いフィランソロピーとは区別する概念として明示するため、「フィランソロピー」と「　」（カギ括弧）を付けて表記する。

ところで、渋沢栄一の「フィランソロピー」に関する考え方は、アメリカからの影響が強い。彼は二〇世紀初頭に四回訪問したアメリカが、日本の将来に最も大きな影響を与えると直感した。ヨーロッパや東アジアには見られない底知れぬ若い力、多種多様な伝統や慣習を持つ移民がいかにしてアメリカ社会に溶け込み、経済社会を急速に発展させている理由をビジネスだけでなく、政治、外交、文化、教育、思想、宗教など多方面に求めようとした。とりわけ渋沢は、アメリカの実業家が、各地で公益事業に莫大な資金を投入していることに瞠目した。政府や地方自治体の手が及ばない公益事業を民間実業家が率先して行い、それが地域社会の経済・文化の振興や人材育成に大きな成果を上げていることに強い関心を示したのである。渋沢は、明治以降急速に導入されていった欧米の文明・文化と、儒教、神道、仏教などの旧来の文化とをどのように調和させるかを課題の一つと考えていた。アメリカのフィランソロピーの理念や活動についても、渋沢は欧米と日本の共通性と相違点に留意しながら慎重に公益事業を進めていったのである。

本シリーズで八つの視点から取り上げる諸テーマは、近代日本の創造に大きな足跡を残した渋沢栄一に対する理解をより深化させるだけでなく、幕末から昭和初期まで駆け抜けた渋沢の九一年の生涯を通じて、歴史の連続性と断絶性を再認識することができるだろう。このシリーズが、二一世紀の日本と世界が直面する課題解決のための助けとなることができれば幸いである。

二〇一六年一二月

責任編集者

見城悌治・飯森明子・井上　潤

はしがき

一九三一年二月、九〇歳を超えた渋沢栄一が国際交流について振り返った談話がある。

「嘉永年間ペリーが我国に初めて来つた当時、私は年少であつたが、国の内外に喧しい『外夷打つべし』と云ふ強硬論に依つて、西洋人は悉く我に仇を為すものであると思つて居りました」。だがその後、「日本の地位を安固ならしめ、世界の平和を図るためには、問題の起り易い太平洋に眼を注がねばならぬ、そして米国とは支那の関係もあることとて、殊の外親しく置かねばならぬ、と云ふ根本的の考慮」を持つようになり、「道理正しく相互に譲り合つて行かねばならぬと考へ色々尽力したのでありました。そしてただ政治上の親善のみでなく、民間同士の接触が必要であるとして、自ら大いに努力して居ります」（『伝記資料』二五巻、五二九―五三〇頁）

幕末日本に存在していた攘夷論から渋沢も出発していたことが、この回顧談からよく分かる。この後、渋沢は近代日本と国際社会の大きな変動とともに実業家として歩んだことはよく知られる。あわせて一九一〇年前後に実業界を退いてから、最晩年の満州事変の頃まで国際交流に関わる社会事業にも積極的に関わり続けた。しかしこのことは、実業家としての評価に比べ注目されてこなかった。また渋沢と国際交流といえば、しばしば幕末の仏国滞在が語られるが、本書ではほとんど扱わない。なぜなら、日本へ資本主義システムを導入したという文脈で語られるか、そうでなければ渋沢個人の西洋文化の受容過程とみられてきたからである。

ここでは渋沢個人に帰する西欧文化の受容や理解ではなく、国際交流に関する様々な社会事業や組織活動への支援の形をとって、後年に発露される渋沢の国際社会に対する姿勢を確認する。また、渋沢は『論語と算盤』を著したように、幼時から漢学に親しみ、東アジアの漢学の影響ある社会にも関心を持ち続けた。広い意味での東洋と西洋と、そして渋沢との関わりについて考えたいと思う。

本書でおもに扱う一九一〇年代から二〇年代、国際社会は総力戦となった第一次世界大戦によって大きく変化し、ヒト・モノ・カネ・情報のグローバリゼーションが一挙に進んだ。さらに総力戦となった戦争への反省から、新たな普遍的な価値、恒久平和への希求、あるいは「命」や「人道」などへの関与も含めた活動が、国際交流でも求められるようになっていた。それらは政治のパワーや経済のカネとモノの数字だけでは合理的に語りつくせないテーマである。一人の人間としての渋沢の、国際社会の平和と共存を求めて道徳を考え、相互理解活動に自ら関与し、人々を直接、時には間接的に支援した意義を考えていきたい。

本書は、各執筆者と責任編集者が数回の研究会と合宿をおこない、各執筆者の報告に全員で議論してきた研究成果である。幕末開港の地、下田での合宿では、渋沢も修復を支援した玉泉寺を臨みながら議論を重ねた。初校の校正中には、二〇二四年から渋沢栄一像が新紙幣に使用されるというニュースが飛び込んだ。本書が渋沢の国際社会へのまなざしと望みを理解し、現代社会や国際関係を考える一助となれば幸いである。本書の出版に際し、公益財団法人渋沢栄一財団からご支援をいただいた。執筆者を代表して心より御礼申し上げる。

二〇一九年八月

飯森　明子

国際交流に託した渋沢栄一の望み

——「民」による平和と共存の模索　目次

凡　例

・渋沢青淵記念財団竜門社編纂『渋沢栄一伝記資料』全五八巻、別巻全一〇巻（渋沢栄一伝記資料刊行会、一九五五〜一九七一年）からの引用は、「『伝記資料』××巻、××頁」と略記する。

・引用史料中の旧漢字は、原則的に新漢字に、カタカナ送り仮名はひらがな送り仮名に変えている。また、読みやすさを考慮して、適宜読点を加えた。

・東アジア外国人名の初出には、現地語読みのルビを付した。

序章　排外主義から国際主義へ

飯森　明子

一　国際交流への渋沢の出発点

実に西洋の開化文明は承及候より弥増し驚入候事共而已、真に天下の気運所詮人知の智り得る処に無之候、（中略）愚見は所詮深く外国え接し其所長をも相学ひ我稗益と為より有之間敷、是則天理所依来と被存候、先年（攘夷論時代のこと――引用者注）とは反復之様に候得共、中々此際独立（日本が孤立するという意味――引用者注）関鎖抔思ひもよらぬ事と被存候、御高論伺度候。（『伝記資料』一巻、五二八―五二九頁）

この書簡は一八六七年（慶応三）八月二日、仏国パリにいる渋沢栄一が、故郷の従兄で漢学の師であった尾高惇忠に宛てたものである。このなかで渋沢は西欧文明に驚き、日本は世界の現状を学ぶべきであり、当時国内を覆っていた排外主義の攘夷論はもはや国際社会に通用しない、と現実的で率直な感想を伝えている。

一八四〇年（天保一一）、現在の埼玉県深谷市に生まれた渋沢は、尾高を漢学の師と仰ぎ、後期水戸学の流れをくむ攘夷論からも強い影響を受けた。やがて渋沢は縁あって徳川慶喜に仕えることになり、慶喜の弟でまだ少年であった徳川昭武の仏国渡航に同行するひとりとなった。寄港する各地で、パリ万国博覧会で、滞在中の欧州で、見るもの聞くものすべてが渋沢にとって驚きの連続であった。冒頭の書簡は、日本を出てから半年弱の間に、渋沢が海外情報の遮断や外国人との接触制限を主張した攘夷論から、考え方を大きく転換したことを示している。幕末から明治、大正、昭和初めへと激動を続けた九一年の生涯のなかで、渋沢はどのように国際社会と向き合い、何を考え、国際交流にどのように関与したのか、これが本書の大きなテーマである。

さて、本書では、渋沢の最初の海外体験となった幕末の欧州渡航ではなく、おもに二〇世紀初めからの約三〇年間、没する一九三一年（昭和六）までをとりあげる。とくに一九〇九年（明治四二）に渋沢が多くの会社役員を退いた後にあたる一九一〇年代は、日本が日清・日露戦争を経て、東アジアにおける近代国家の雄として内外共に認められる存在となった時期でもある。第一次世界大戦が終わった一九二〇年代には、世界の「一等国」ということばが国内で広まり、国際社会のなかの日本が国内外の人々に意識されるようになった。このような時代、渋沢は国際社会をどのように考え、国際交流を通して対応したのかを探っていく。

二　変化する国際社会と渋沢の姿勢

国際交流というテーマは、渋沢に関する数多くの研究のなかでは比較的進んでいる分野かもしれない。幕末の渡仏、実業団の訪米や訪中、知的交流を支援した太平洋問題調査会（Institute of Pacific Relation, IPR）や日米人形交流、日米協会について、それぞれ詳細な先行研究がある。(1) とりわけ高度経済成長期に刊行された渋沢雅英『太平洋にかける橋』は安定した日米関係構築への渋沢の思いを伝え、これを受けて、二〇世紀終わりから二一世紀初めにかけて、日米実業家の相互訪問を通した貿易促進に注目した木村昌人『日米民間経済外交』や、日米を中心に環太平洋地域の知識人による知的交流を論じた片桐庸夫『太平洋問題調査会の研究』などの研究が刊行された。これらは日米関係における渋沢の「民間外交」としての役割を評価し、ある程度の学術的共通理解が形成されている。しかし、本書ではこれらの研究成果を織り交ぜながら、各執筆担当者は、これまで注目されなかった国際社会との関わりある様々な事業にもスポットを当て、当時の国際関係の中で国際交流に対する渋沢の考え方と対応、展望を浮かび上がらせようとした。

以下、本書を貫く三つの視点を紹介するとともに、あわせて渋沢の国際交流の「フィランソロピー」についても考えていきたい。

（1）ヒトと情報の移動——交通網・情報網の発展がもたらす社会の変化

渡仏時の経験をふまえ、渋沢は銀行や株式会社など資本主義のシステムを日本に取り入れた実業家として、日本経済史や経営史上、高く評価されてきた。言葉を替えれば、従来、実業界のモノとカネの流れの視点を軸に、その成果を直接確認できる数字や業績などを示しながら、渋沢は評価されてきた。しかし本書では、モノとカネとともに二〇世紀に入り急速に拡大したヒトと情報の流れやネットワークに注目した。そして渋沢と国内との関係だけでなく、海外とのグローバルな相互作用を可視化させようと模索した。

そもそも島国である日本において国際交流とは、海を越え、ヒト、モノ、情報が、海外から日本へ、日本から海外へ流れる活動から始まる。すなわち国境を越えて人間が自国、または自分の故郷の地以外の相手を知り、相手の地を訪れ、相手の人々や社会を尊重することが国際交流の第一歩となる。少なくともまず相手の地を安全に訪問することを権利として保証することから始まり、互いに理解する活動を続けて双方の信頼を醸成することが、やがて平和な世界を作る。このことは、たとえば哲学者カント（Immanuel Kant）が著した『永遠平和論』（*Zum ewigen Frieden,* 初版一七九五年）のなかで「訪問権」ということばを用いて論じられている。この古典は、多くの人々に読み継がれ、様々な批判を受けながらも、今なお議論と研究が続いていることはいうまでもない。

さて、この本の本邦初訳『永遠平和論』は、日本国際連盟協会（後述）から一九二四年に「国際連盟協会パンフレット第四十六輯」として刊行された。渋沢は、恒久平和を目指した初の国際機関、国際連盟の活動を広く啓発するために設立された日本国際連盟協会の初代会長を没するまで務めている。渋沢が翻訳出版を同会に直接指示したかどうかは確認できないが、翻訳者高橋正彦は、その出版経緯について、「序説二編（カントの生涯と解題――引用者注）は連盟協会の希望によつて書き加へた。自分としては余り愉快な仕事ではなかつたが、協会の切なる依頼と連盟協会存在の理由とに鑑みて遂に筆を採つた次第」で、「正確、平易、簡単を希望せられた協会の期待」[2]に添うよう翻訳に努めたという。恒久平和を希求しようとする国際連盟の理念に通じる原書が一九二〇年代半ばに、同会から初めて国内大衆に向けて平易な日本語で訳されたことにまず意義がある。

この書でカントは「永久平和の為めの第三確定條項」で「訪問権」を示し、その部分を高橋は次のように訳している。「茲に言ふ好遇とは、外国人が他国の土地に到着した結果其の国民より敵として取り扱はれないといふ権利の意味である」[3]。近年、平野健一郎はこの「訪問権」に個人の国際移動自由の考え方や、世界平和や信頼醸成への国際交流活動の根源的な意義を見出し、現代的意義があると再考を求めている[4]。人と人とが安全に顔を合わせること、話すこと、お互いを知り理解し、その活動を継続すること、これが古今東西、国際交流の基本であることは言うまでもない。これに対し、江戸時代は鎖国政策の下、基本的に海外情報を遮断し、外国人との接触を禁止するという、「訪問権」と反するものであった。渋沢はさらに過激な攘夷論から出発したが、考え方を大きく転換させ、安全な訪問や移動を通じて、人が人間の尊厳をもって互いに理解することの意義を見出すのである。

やがて二〇世紀にはいると国内交通網に加えて、太平洋定期航路など海外との交通網が拡大した。ヒトとモノの移動が急増するとともに、情報網も格段に拡大し、人脈は重層化した。その結果、従来以上に、安全な訪問や移動を通じて、相互理解を進め、ともに生きるという姿勢がいっそう重要になっていくのである。

本書では、もうひとつの国際交流の流れ、すなわち一九一〇年代から二〇年代にかけて急速に進行した国内の「内なる国際化」にも触れる。すでに二〇世紀初頭から、海外から多くの人々が日本に滞在し居住するようになっていた。日本に大衆社会が現れたのとほぼ時を同じくして現れた新しい国内社会への渋沢の対応にも目を向けたいと思う。

ところで、渋沢に関する先行研究では、しばしば「国民外交」や「民間外交」という言葉が使われてきた。[5] これらは、官が主導する政府に対抗して、渋沢が政府・官僚の身分ではないという意味での「民」として、二項対立のように、渋沢が「民」の立場にあるということを前面に出して使用されている。身分や役職を重視する政治や権力に注目する視点、モノとカネの流れの視点からは、渋沢は確かに実業界の民間人という「民」の立場や性格が強い。

結果として、渋沢や渋沢が関わった組織は日本政府に一歩先んじて国際交流活動やその支援に着手し、渋沢が指導力を発揮することも多かった。その意味では「非公式」接触者による「外交の活動」であった。これらをとおして、人が人と接し、互いに理解しようとすることが国際平和への礎となる行動となること、交流活動を実践することが政治経済とも不可分であることを渋沢は自ら示した。それらの組織は今日的な意味での官民では区分不能な組織であるが、当時の人々の意識では官か民か区別は重要ではない。これまでの研究では「公」と呼ばれていた団体、あえていえば「民」に近い「中間団体」であった。

（2）多国間国際関係のなかの渋沢——戦間期の国際主義と日本

第一次世界大戦前後には、辛亥革命やロシア革命、民族自決運動、国際連盟の設立などグローバルな変動が起きていた。日本も第一次世界大戦後、国際社会から五大国の一つとして認められるようになった。そして、財政でも、政治機構上でも、マンパワーでも、新しいかかわりが日本の社会に求められるようになり、渋沢も具体的に取り組むことになる。

本書に登場する国際交流組織への関与もその一環であり、相互理解と互恵的経済発展のために様々なチャネルを最大限活用しようと、渋沢の人脈が重層的に形成されていることが確認できる。これらの組織の目的や理念は、いずれもグローバルな普遍性ある価値、国際協調に基づく平和と共存をめざし、戦間期のいわゆる国際主義の潮流を体現していた組織であった。この流れの上に、本シリーズ第二巻『帰一協会の挑戦と渋沢栄一』で論じられた帰一協会も、その一つとして位置付けられる。本書ではそれらを、これまで多くの研究で語られてきた渋沢と相手国、とりわけ日米、日中、日仏との二国間関係の枠で考えるのではなく、本書全体として、可能な限り多国間関係のなかの渋沢として考えられるように読者に提示したい。

さて、渋沢は、原稿や講演として理念や情報を座したまま発信したのではない。これらの行動は、訪問や会談、書簡の交換という、直接的な交流活動によって支えられていた。『伝記資料』に残る訪問者や来簡者の記録を見る限り、渋沢の認識に国家や人種や文化言語への優劣の差はほぼみられない。なぜなら少年時代に漢学教育を受けただけでなく、青年期の仏国への渡航滞在での種々の体験を通して、渋沢は特定の思想を信奉するのではなく、異文化や異なる社会を相対的に考える姿勢を身に着けていたと考えられる。しかも、この姿勢は、弱肉強食の帝国主義的発想にとらわれ続けていた当時の日本社会では、むしろ珍しい姿勢であった。このような相対的な姿勢があるからこそ、渋沢は様々な社会事業を通じて、目的や理念が類似する組織に重層的に関わり、支援できたのである。

さらに明治以来の教育の普及や産業発展に伴って日本社会に明治末頃に登場した大衆の存在も背景に考えたい。日露戦争後の日比谷焼き打ち事件にみられたように大衆の政治意識が高まり始め、様々に世論に影響を与え始めていた。渋沢は、実業家として、同時期に各地域の発展とともに急増した都市労働者の生活や労働問題・社会福祉にも関心を持っていくが、これは本シリーズの第三巻、第四巻に譲りたい。それまでのエリート層が専ら外交を取り仕切り、世論を操作しようとしたのとは異なり、大衆への国際社会に対する啓発も重要課題となり、渋沢はこれに対しても積極的に柔軟に対応していくのである。

やや結論を急ぐが、渋沢は、第一次世界大戦後の国際主義の潮流に「追随」したのではなく、海外に対する働きかけにおいても、国内に対する働きかけにおいても「牽引」した人物であった。だが同時に、欧米社会を向いた連携にも、欧米各国や日本の東アジアに対する外交方針や対応が複雑に絡んで、一筋縄に進まず、渋沢の限界を伴った。とくに東アジア、漢学の文化圏とされた中国や韓国に対する渋沢の姿勢に如実に表れる。

渋沢は「同文同種」という言葉をよく使った。その背景には、一九世紀末、欧米社会を覆った黄色人種に対する警戒を呼びかけた「黄禍論」があったことを忘れてはならない。渋沢は「同文同種」の言葉を通じて、中国、韓国との人種上での共通点と、儒教や漢学文化の日本との同質性や一体感を強調しようとした。

確かに、渋沢が自らの理念型として抱いていた漢学は、江戸時代の藩校や明治期の学校での道徳教育に支えられて、共通理解として戦前の日本全体を広く覆っていた。そして中国や韓国の知識人の間では、渋沢と漢学との関係をテーマにした第一巻『渋沢栄一は漢学とどう関わったか』で示されたように、一定の共通理解は得られていた。とはいえ、両地域の大衆社会には、第Ⅲ部で示されるように、渋沢が考えていたような漢学に支えられた社会とも異なる多様な様相があらわれていたのである。

渋沢は幕末の渡仏経験によって、西欧の異文化社会を多くの日本人よりいち早く体験し、日本の近代化産業化に大いに貢献したことは明らかである。が、一方で中国や韓国が日本とは異文化の社会であると認識できるほどの現地体験は乏しかった。明治維新まで日本は畏怖するように接触してきた中国や韓国であったが、日清戦争により日本の大陸への姿勢は大きく変化していた。「同文同種」という考え方には、欧米人よりも日本社会や日本人は彼らから、距離も短く歴史的関係も長いから容易に理解されるはずだという、渋沢の楽観的期待があったことも否めないのである。

(3) 日米関係と排日移民問題への対応、そして人道支援活動へ

渋沢の国際社会とのかかわりを考えるとき、特定の国の特定の人物との交流ではなく、「人間」としての出自の貴賤や国家の枠組みを問わない、時には人間の生存にもかかわる無名の人々に向けた国際交流の活動がある。その問題を考える前に、背景として、戦前の日米関係では日本人移民をめぐる問題が長く懸案となっていたことを理解する必要があろう。やや長くなるが、本書だけでなく、本シリーズ全体の渋沢の「フィランソロピー」を考えるためにも、日米関係と日本人移民についてここで簡単に紹介しておきたい。

明治初期から始まった日本人の米国への移民は、ハワイでの農場労働から、一九〇〇年前後には米国本土での都市労働や農場労働に多くが携わるようになっていた。日本人移民労働者は、低賃金でも長時間不平を言わず勤勉に働いて雇用主に重宝された一方で、英語に不自由なうえに生活習慣も違い、ましてや人種も異なっていた。そのため理解しがたい、同化できない民族とレッテルを張られた。とくに西海岸地域では未熟練労働者が世界各地から集まり、不況になれば労働力調整として最も早く失業するのが移民である。そのため失業を恐れる白人移民労働者や白人労働者組合から日本人移民は批難の対象となっていった。しかも日清戦争後、東アジアで台頭する日本に対して、欧米では「黄禍論」の警戒心も加わり、一九〇〇年前後、西部各州での排日運動は顕著となっていた。

このような時期に一九〇六年四月サンフランシスコ地震が発生した。死者四万人、被災者一〇万人、市内三分の二が地震と火災で大きな被害を受け、日本人移民約一万人も被災した。

日本では米国への友好と、前年の東北飢饉に米国から義援金が送られたことへの返礼の意味を込めて、義援金募

集と病院船の派遣を日赤と渋沢、益田孝、岩崎弥太郎ら実業家らと政府関係者とで検討した。さらに同地域に日本人移民に対する排斥運動があったことから、渋沢は「好機会だから米国民の人心を転換しやうと云ふ真剣な心持から」実業界に義援金を呼びかけ、「公共事業の如き有意義なものに、事業家が充分の金を出すのは当然」と自分の考えを述べている（『伝記資料』二五巻、七三九―七四〇頁）。結局、明治天皇から下賜金と渋沢や実業家らからの寄付を含め三一万円以上の義援金が米国へ送金された。一方でそのころ、サンフランシスコ学童隔離問題が起きた。この時、日露戦争講和を仲介し日本に比較的好意的であったセオドア・ルーズベルト（Theodore Roosevelt）大統領は、日露戦後まもない財政の厳しい日本が義援金を寄せたことを高く評価した。米国内の地方政治と州政府との乖離も加わったが、ルーズベルトはサンフランシスコ市の対応を中止させた。すなわち義援金が米国の対日イメージ好転につながっていたのである。このようなサンフランシスコ地震への支援は本書で扱う渋沢の国際交流におけるフィランソロピーのひとつと位置付けられる。

それでもなお、日本人移民に対する米国西部諸州の法的な排斥は続いた。日米紳士協定などを通じて両国の妥協がはかられたが、以後も西部、とくにカリフォルニア州では州政府や議会の政争や選挙の集票に日本人移民問題が利用されることが多くなり、やがて大統領選挙や連邦議会にも影響を与えていった(6)。

一方、日本人移民が安定した生活を送るためには家族が必要だった。若者たちは写真結婚で妻を呼び寄せ、米国で出生し米国籍を得た子供の名義で土地を購入した。見合結婚や親族が決めた結婚が慣習にあり、写真一枚で結婚相手を決めることに日本人には違和感はなかった。そして新天地で若い夫婦は、伝統的なイエ制度にも縛られず、次世代に夢を託して懸命に働き、多くの子供を育てたが、子だくさんの家族は白人社会に脅威を与えた。このような日本人の結婚や家族の形態、日本の社会や文化の実情が米国で十分理解されなかったことも、日米間の心理的摩擦の一因でもあった。

同じころ、日本人や日本社会の実情を海外でもっと知ってもらうべきと考えたリーダーたちが動き出した。彼らは人種差別や偏見を取り除くための相互理解活動なくして、外交交渉における協調も、経済における貿易促進も困難であることを痛感した人々であった。とくに米国に滞在経験ある人たちや対米貿易に携わる人たち、渋沢や徳川家達、中野武営、金子堅太郎、阪谷芳郎、新井領一郎らは、日米間での相互理解への様々な啓発活動や交流、たとえば日米関係委員会や日米協会などの組織を立ち上げ、活動していた。

なかでも注目したいのが、渡米実業団である。[7] 渋沢は生涯で一九〇二年の初訪米を含め、四度渡米した。一九〇九年、一九一五年、一九二一年の渡米実業団と、一九一〇年と一九二〇年の米国訪日実業団による実業家たちの相互訪問が意味を持つ。渋沢や関係者は相互理解活動と貿易促進が不可分であると考え、訪問以外でも機をとらえて交流を繰り返した。結果として、渋沢は米国実業家の社会貢献活動に大きく触発された。この経験や人脈は本シリーズのほかの巻の論考にも大きく関わっており、とくに重要な一九〇九年の渡米実業団メンバーとその行程については巻末の付録「渡米実業団（一九〇九年）関係資料」を参照されたい。

確かに米国の実業家らの社会貢献活動に渋沢は大いに触発されたが、渋沢はそれだけにとどまらなかった。渋沢はこれらの経験や活動、人脈を通して、渋沢は「人の移動」に関心を持つようになり、新たな国境を越えた人道支援活動にも関与することになる。これらは二〇世紀前半から日本が新たに関わらざるをえなくなった国際問題であり、二一世紀の現代社会にも通じる多国間問題である。現代の言葉でいうなら「人間の安全保障」ともいうべき活動の芽生えが、戦間期日本において渋沢の国際交流やその人脈を通して垣間見えるのである。

三　本書の構成

本書の構成を以下、簡単に示しておきたい。

第Ⅰ部「平和と共存に向けた「フィランソロピー」活動へのまなざし」では、渋沢の活動を可能にした国内外の背景を確認し、併せて渋沢の自国、および他国認識を分析考察した。

櫻井良樹「日本の国際化と渋沢栄一の国際道徳」（第一章）では、本書で扱う時期の国内の社会動向を確認する。さらに具体的に『渋沢栄一伝記資料』から「国際」「友誼」などの語句を分析し、渋沢の「国際道徳」についての考え方を考察した。

木村昌人「渋沢栄一にとって英国とは何か」（第二章）では、英国に対する渋沢の認識とその変化に焦点を当てた。一九世紀を通じた最大覇権国でありながら、渋沢に関する先行研究ではあまり考察されてこなかったテーマである。結果として、英国以外の社会に対する認識基準としての英国を意識させ、それぞれの時期に応じて渋沢に米国や中国との間で日本の進むべき方向性を考えさせたことが確認できる。

中嶋啓雄「渋沢栄一と米国のフィランソロピー」（第三章）では、米国における実業家によるメセナの事例を渋沢がどのように学び、人脈につなげていくのかを検証した。すなわち富を社会広くにいかに還元し、社会全体の豊かな発展につなぐように事業を支援するか、を渋沢は現地で直接目にした。カーネギー夫妻やロックフェラー家と渋沢の接点、および渡米実業団を通じた社会事業の学びについて、これまでの日米交流研究をふまえて渋沢のフィランソロピーへの姿勢と影響を考察する。

次いで第Ⅱ部「国際交流活動における日本の実践」では、欧米関係が多くなったが、海外から学んだ事業や渋沢が関与した社会事業や組織を、国際交流活動の実践としてとりあげる。それは同時に、戦間期国際関係史のなかで渋沢が果たしたヒトと情報の仲介者や結節点ともいうべき、いわば「ハブ」のような役割を果たしたことが示される。

ジェファー・デイキン（Jeffer Daykin）（翻訳・飯森明子）「博覧会と渡米実業団の交流」（第四章）では、二〇世紀の万国博覧会、とくに米国での万国博覧会がモノを通して情報を提供することの国際社会における意義を確認する。そこから「プレゼンス」、言うなればヒトが「参加することに意義がある」こと、そして日米関係を長く豊かに緊密にする人脈作りにつながっていったことを、米国の個人史料や米国の視点から明らかにする。

高光佳絵「民主化潮流と国際通信社設立への思い」（第五章）では、情報の価値を左右する、メディアと渋沢と国際社会との関係を扱う。ここでは、強国の通信四社による寡占体制におかれたなか、国家によるメディア・コントロールの変遷が扱われる。とくに日本における「広報」の持つ意味が、日本の実状実態を知らせる役割と、政府のプロパガンダ発信を期待するとの間で変化するなか、渋沢の動きと役割の意義について考察する。

飯森明子「日本国際連盟協会と新たな国際問題への姿勢」（第六章）では、渋沢が初代会長を務めた日本国際連盟協会の発足、および渋沢の国際連盟への期待を探る。とともに、同会は日本と、第一次世界大戦後のグローバルで新たな課題への啓発も含め、様々な活動から、欧米を指向した国際主義の様々な人脈をつなぐ役割を果たそうとした。

飯森明子「大災害支援にみる渋沢栄一と国際社会」（第七章）では、災害と国際社会とのかかわりのなかで渋沢が果たした役割を論じる。古代から利根川とその支流の度重なる氾濫に見舞われてきた地域に生まれ、江戸や南関東を襲った安政期の連続大地震と同時代に生きた渋沢には、災害被災者へ共感をもつことができる体験的素地があった。その結果、後年の国際社会の災害支援に、人脈が果たした役割と同時に、被災者支援への「内なる国際化」と

「人道」のまなざしにつながったといえる。

さて、渋沢のまなざしは、具体的課題、すなわち、難民、災害など、国際社会や国内食糧事情からやむなく故郷を追い立てられてグローバルに移動する人々、言葉を換えれば、戦間期日本の多くの為政者の視野から落ちていた困窮した人々にも向けられる。

コラム1・名村優子「渋沢栄一のブラジル移民事業支援」では、疲弊困窮し国内社会では邦《くに》を捨てた「棄民」と見なされた人々を、異文化社会で自立した生活者として安定した生業がなせるように、と具体的に計画されたブラジル植民事業支援を取り上げる。

コラム2・メスロピャン・メリネ「アルメニア難民救済と渋沢栄一の慈善事業」では、戦間期国際社会の変動のなかで翻弄されたアルメニア難民への救済活動へのかかわりを取り上げる。第二次世界大戦前のユダヤ人の移動についてはよく知られているが、すでに第一次世界大戦期、「難民」の存在が国際社会に知られるようになっていた。敗戦国ドイツの難民、ロシア革命から逃れた難民、さらにアルメニア難民も日本にやってきた。一九二〇年代の日本における難民支援は現代日本社会にもつながる問題である。第七章と二つのコラムは、戦間期当時の国際社会とのかかわりにおいて、いのちや生存・生活に関わる課題への渋沢の人道的な対応例といえるだろう。

ところで、東アジアでは戦後もなお、冷戦やイデオロギーの制約、各国社会の考え方によって、日本に対する評価は流動的な時代が長く続いている。だが近年、国際社会の変化により、各国の外交文書・関連史料の公開が進み、実証的な研究がようやく可能となった。第Ⅲ部「国際主義の体現とその限界」では、東アジアなど、他国の視点から渋沢の活動の影響を探った。同時に渋沢を全面的に肯定評価するわけではなく、渋沢が抱えた限界も浮き彫りにする。

金明洙「近代日朝関係における渋沢栄一の役割とその継承者たち」（第八章）では渋沢の三度の訪韓と朝鮮半島実

業界へのかかわりから、渋沢の朝鮮半島実業家に与えた影響を韓国側からの視点で論じる。とくに渋沢をロールモデルとして韓国のインフラ整備を率いた人物、韓相龍への影響に注目した。

于臣「中国メディアによる報道と渋沢栄一のジレンマ」（第九章）では渋沢訪中の意義を、中国側からの視点で検証する。渋沢の行動の指針であった『論語』を生み出し日本に伝えた中国。その中国に対する渋沢の認識と、時代の移り変わりとともに伝統思想に対する姿勢が大きく変化していた同時代の中国社会の漢学への関心の差がいやおうなく浮き彫りにされる。

コラム３・飯森明子「渋沢栄一と汎太平洋同盟」では、太平洋問題調査会（ＩＰＲ）に先んじてハワイで設立された汎太平洋同盟ＰＰＵ（Pan-Pacific Union）を取り上げる。ＰＰＵは環太平洋地域の議員や知識人などエリートを中心に相互理解を通じた地域連携を目指した。渋沢のＰＰＵやその日本支部へのかかわりは、渋沢の国際交流活動の中では米国指向が明らかである。戦間期の知的エリートらを集めた環太平洋地域多国間国際会議や連携指向という点では嚆矢といえる組織であり、環太平洋地域というやや広い視点からみた渋沢の評価や、戦前の種々の国際交流組織を様々な視点から考えるための一例としたい。

東アジアに対しては、金論文や于論文から渋沢や当時の日本社会が抱えていた課題を読み取ることができる。これらは今後究明されるべき論点であり、第Ⅲ部はそのための問題提起とみていただければ幸いである。

少なくとも渋沢の国際交流は、特定の国家や社会・文化を偏重するためのものではなく、相互理解に支えられた国際平和と経済的共存を目指す寛容な活動であった。戦間期の日本であるが故の時代の制約はあるが、国家・国境や人種、文化の違いを超えて、人と人との相互理解に基づいた社会や経済の発展を目指し、人間の尊厳やいのち、異文化に対する尊重と理解の姿勢を保ちながら、国際社会に対する信頼醸成に積極的に関与し、国際社会の平和と共存へ渋沢は貢献した。言い換えると、渋沢は日本の外交を政府や官僚に専ら依存するのではなく、それら「官」

が政治状況や制度などから関与できない場合、「民」の力による人脈や体制づくりを自ら積極的に関わり、「官」と「民」の力の相互作用により、国際社会に関わろうとした。それこそが国際交流における渋沢栄一の「フィランソロピー」ではないだろうか。

現在、国際社会ではグローバリゼーションの行き詰まりともいうべき状況が表れている。二一世紀に入って早くも二〇年というのに、自国第一主義、地域連携からの離脱、これらによって翻弄される移民、消えることのない戦争や紛争から逃れた難民、宗教を理由にした非寛容やテロなどのニュースがあふれている。一九三一年の渋沢の死後、国際社会がブロック経済、軍備拡張、戦争へと進んだ轍を踏まないためにも、渋沢の国際交流活動から、今、我々が学ぶことはまだ多く存在するのである。

注

（1）鹿島茂「近代日本の建設とフランス」（三浦信孝編『近代日本とフランス――一〇人のフランス体験』大修館書店、二〇〇四年）。渋沢雅英『太平洋にかける橋』（読売新聞社、一九七〇年）。木村昌人『日米民間経済外交 一九〇五―一九一一』（慶應通信、一九八九年）。片桐庸夫『太平洋問題調査会の研究――戦間期日本IPRの活動を中心として』（慶應義塾大学出版会、二〇〇三年）。是澤博昭『青い目の人形と近代日本――渋沢栄一とL・ギューリックの夢の行方』（世織書房、二〇一〇年）。飯森明子『戦争を乗り越えた日米交流――日米協会の役割と日米関係 一九一七―一九六〇』（彩流社、二〇一七年）。

（2）イマニュエル・カント／高橋正彦訳『永久平和論』（国際連盟協会、一九二四年）二―三頁。高橋は以下の版を使用したと思われる。Immanuel Kant, *Zum ewigen Frieden* (hrsg. von Karl Vorländer, Zweite Auflage, Leipzig, 1919). 従来、日本ではエマニュエル・カント／高坂正顕訳『永遠の平和の為に』（岩波書店、一九四九年）がよく使われてきた。

（3）前掲、カント／高橋訳『永久平和論』三四頁。

（4）平野健一郎「文化による紛争世界への対抗　カント『永遠平和の為に』を平戸から読み直す」（『インターカルチュラル』一五号、二〇一七年）。

（5）片桐庸夫『渋沢栄一の国民外交　民間交流のパイオニア』（藤原書店、二〇一三年）。酒井一臣『帝国日本の外交と民主主義』（吉川弘文館、二〇一八年）。

（6）簑原俊洋『アメリカの排日運動と日米関係――「排日移民法」はなぜ成立したか』（朝日新聞出版、二〇一六年）。

（7）前掲、木村『日米民間経済外交　一九〇五―一九一一』。

第Ⅰ部　平和と共存に向けた「フィランソロピー」活動へのまなざし

第一章　日本の国際化と渋沢栄一の「国際道徳」

櫻井　良樹

一　渋沢の国際交流活動

本章の課題は、渋沢栄一の国際交流活動と日本社会の動向との関連を考えることにある。その課題にどれほど応えられるかは、いささか自信がないが、前半では大正期を中心とする国際交流の前提として、国内における「国際化」の情況をまとめ、後半においては、「国際道徳」という語句の分析を通じて、渋沢栄一の国際交流への考え方の一端を示したい（「国際化」も「国際道徳」も時代的限定付き、あるいは渋沢に即したものであるが、煩雑なので、以下カギ括弧は使用せず、国際化や国際道徳とする）。

渋沢の世界との関わりについては、木村昌人が日米民間経済外交という側面から、片桐庸夫が民間交流を国民外交というタームを用いて、その多面的なかかわりを描き出している[1]。ここで留意しなければならないのは、本書のテーマが国際「交流」であって、外交をメインとする国際関係とは異なり、かなり広い要素を含んでいる点であろう。如上の二著は、渋沢の行動が単なる外交以上であることを意識して「民間経済外交」とか「国民外交」とかの語句を用いて、その広がりを捉えようとしたことは改めて指摘するまでもない。

渋沢の国際交流活動は、範囲も活動時期も相当に広い。外国とのかかわりにおいて、全世界に及ぶことは、関係した友好団体名を調べればわかる。時期的には、①幕末の渡仏から実業家になるまでの時期。よく例に出されるのはベルギーで謁見を許されたレオポルド二世（Leopold Ⅱ）から鉄を買ってくれという商売の話を聞かされて、当時はまだ日本は武士の時代で、為政者層にとって商売の話は卑しいものであるという感覚を有していた渋沢は驚いたが、よく考えてみると商業活動の重要性を実感させる体験となったというようなことが伝えられている（『伝記資料』二五巻、九九頁）。渋沢にとって、欧米を範とした実業活動の道を歩んでいく端緒となったというような話で、明治期に日本が欧米をみならって、その制度を導入していた時期に照応する話である。②日清戦後に韓国とかかわりを持ち始めた時期。第一銀行支店や京釜・京仁鉄道敷設への関与を通じて、よく言えば韓国近代化・開発に貢献しようとした、悪く言えば韓国への日本の勢力拡大に協力した時期。③日露戦後、特に実業界引退後、本格的に社会事業にかかわっていくなかで、国際交流活動もその大きな活動の柱となる。日本自体が、世界列強の一員として名を連ねて行くにつれて、それに見合った行動が求められていく。その際に実業家の代表として世界へのかかわりを持った時期と言えよう。

渋沢の世界とのかかわりを確認するために、試みに「国際」という文字をキーワードに、デジタル版『渋沢栄一伝記資料』を引いてみると（検索対象は引用資料本文のみ）[2]、一九〇四箇所ヒットする。編ごとには第一編「在郷及ビ仕官時代」（巻一～三）は四件、第二編「実業界指導並ニ社会公共事業尽力時代（一八七三年（明治六）～一九〇九年（明治四二））」（巻四～二九）は二〇〇件、第三編「社会公共事業尽瘁並ニ実業界後援時代（一九〇九年～一九三一年（昭和六））」（巻三〇～五七）が一七〇〇件である。「国際」という語が出てくるのは圧倒的に日露戦後、特に実業界から引退した後のことである。この検索結果が渋沢の国際問題や国際関係・国際交流への関心の程度をそのまま表わしているわけではなかろうが、渋沢の世界とのかかわりの深さや、行き着いた国際交流についての考え方を捉えようとするには、第三編以後にしぼって考えても問題ないと思われる。

二　日露戦後の日本国内の国際化

渋沢の国際へのかかわりが日露戦後の時期に高まってくるのは、日本の国際化が進みつつあったという国家社会状況を反映したものであったと考えられるので、まずその側面についておさえておきたい。

国際化といっても、国内における側面と国外への側面、そして両者の交錯の側面がある。

国内の側面としては、一八九九年（明治三二）の内地開放（内地雑居）の実施は、日本の国際化が新たな段階に入ったことを意味している。実施直前の内地雑居論争の際に懸念されたような、国際結婚の増加とか外国資本による経済界支配や労働市場への悪影響などは生じなかったが、日本在留の外国人数は、統計の不備はあるものの、一九〇〇年（明治三三）前後の一万余人から一九二五年（大正一四）には約三万人へと激増している（その約三分の二は中国人）。

外国人にとっての大きな変化は、その法的位置と管理体制が変わったことであった。[3]それまでは、外国人の取扱いは外務省が第一に担っていたが、一八九九年七月一七日よりは内務省が主管するようになった。そしてこれは居住外国人管理体制の始動であり、七月八日の「宿泊届其の他の件」（内務省令第三二号）により、九〇日間以上、日本の同一市町村内に滞在する外国人は、警察署への届出が義務づけられ、警察署には登録簿と外国人視察簿が置かれることとなった。なお日本側が優位に立つ不平等条約の締結により、清国（中国）人については欧米人とは異なる扱いがなされるようになった。たとえば居留地・雑居地以外での労働禁止などが継続されたことである。清国人への特別な扱いは、それこそ労働者がなだれ込んでくることを恐れたという側面であり、一般の外国人管理とは別に考えねばならないところがあることは留保しておく。

ただしこの段階においては、管理自体には国際交流や国際化を規制するような意図はなかったように思われる。しかしまもなく外国人の活動を警戒する動きが生じてくることになった。そのきっかけは一九一四年（大正三）夏の第一次世界大戦の勃発である。敵性外国人としてドイツ人・オーストリア人に警戒の目が向けられたのはもちろんのこと、それ以外に利敵活動や諜報活動の疑いのある外国人にも退去処分が発動された[4]。日露戦争時にも露探騒ぎがあったが、それほど根の深い問題ではなかった。それに対し第一次世界大戦は、それが長期総力戦となり、同時に宣伝戦の様相が現出したために、外国人の行動には神経質にならざるを得なかったのである。

さらに大戦後半になって「外国人視察内規」（一九一七年（大正六）一二月七日）、「外国人入国に関する件」（一九一八年（大正七）一月二四日）、「外国人視察取締に関する件」（一九一八年八月三日）と矢継ぎ早に外国人取り締まり関係の法令・通達が発せられたのは、ロシア革命勃発にともなう社会主義流入への恐れが官憲間に高まったからであった。これを契機に外事警察機構の整備が進められ、一九二一年（大正一〇）には「要注意外国人名簿作製の件」（八月五日）が発せられた。このように外国との交流にともなう「危険性」が意識されはじめたのである。

さらにヨーロッパでの混乱を受けて、白系ロシア人が極東に逃れてきたり、イスラム勢力によって迫害されたアルメニア人が敦賀港に押し寄せてきたりするなど、日本もそのような混乱とは無縁ではなかった。

国際化や国際交流という観点からすると、ドイツ軍に中立を侵されたベルギー人への援助[5]、白系ロシア人の保護、渋沢もかかわることになったアルメニア難民への救援[6]などという協力・支援の側面と、敵性外国人の監視と排除・諜報活動の取り締まり、「危険思想」への恐れなどが重なり合いながら日本国内において展開された。ただしそれは敵性外国人であるとされた在留ドイツ人に対してさえ救恤活動がなされている（渋沢もかかわっていた[7]）ところからすると、国を超えた人道的なものであったように思われる。

日本にとっての戦闘局面は、青島戦や後の地中海への艦隊派遣など比較的に小さかったけれども、ヨーロッパにおける戦闘の余波は日本にも及び、それが大正期以後における日本国内における国際交流や国際親善活動に影響を与えたといえよう。このような動きは、一九二三年（大正一二）の関東大震災時における海外からの援助活動などの呼び水となった[8]。

だが国際化という観点から見たときに、日本にとってより重要なことは、この時期から、日本が国際社会に躍り出て影響を与える方向においての国際化の道を進めはじめたことである。日露戦後、国際関係の側面において「一等国」となった日本は、国際社会において、①欧米を標準とし欧米社会の一員として行動するとともに、ある程度の「文明化」を成し遂げたという自負にもとづき、②日本を標準としてアジア諸国と積極的にかかわっていく方向を取るようになっていく。前者は、いわゆる「脱亜論」的な方向であるが、後者は「アジア主義」という主張として現出してくるもので、大正期には、その両者が混在していた。ちなみに②の側面が暴走していくのが昭和戦前期であり、その転換の要素も日露戦後から大正期にかけて存在した。

渋沢の一九〇九年の渡米実業団を率いての訪米は、軍事的に列強の一員となった日本が、経済的にも国際経済社会のメンバーの一員として活動する段階に入ったということを象徴的に欧米世界に表明した旅行であった。一方で一九一四年の訪中は、日本資本が本格的にアジア市場とかかわりを持ち始めたということを示すものであったし、そのような期待が寄せられた（本書第九章参照[9]）。

欧米に対する経済界の位置と中国に対するそれとは、非対称的なものであったかもしれないが、どちらにおいても、日本企業の活動は、日露戦前に比較して、情報・コミュニケーションの流れや、資本・金融のつながり、人的交流の側面においても格段に増大していた。特に辛亥革命以後における流動化する中国情勢と、第一次世界大戦の勃発による欧州勢力の減退は、日本のアジアへの多様なコミットメントを可能とし、政治的には多彩な積極的対中政策の展開をもたらしたことは、経済界とも無縁でなかった[10]。

例をあげると、日露戦費調達のための外債発行や、中国向けの四国借款団への加入は、国際金融資本との結びつきが強まった事例であるし、いっぽう西原借款は、第一次世界大戦中の金融収支の黒字化を背景にしておこない得た独自の対外放資でもあった。地方名望家の子弟が駐在員となって海外赴任するようになっていくような例も、実業界の海外発展を象徴していよう[11]。

三　問われる戦争の道義的正当性

国際化が進み国際交流が進行するなかで起こったのが、第一次世界大戦であった。したがって戦いにあたっては、あたり前だが、世界の動向、それも国際関係はもちろんのこと、それよりももう少し大きな「国際関係・国際交流の精神」ともいうべきものに対する関心が高まり、日本も参戦にあたって、その立場や姿勢を明らかにすることが求められた。

第一次世界大戦は、現実には国際的覇権を争うという帝国主義時代の国際観にもとづく戦争であったが、しかし一方では、いかにそれが道義的に正当性を持っているかが問われ、主張される戦争となった。単なる国際法にもとづくか否かではなく、国際社会における交際のあり方や国際道徳という点から正当性が問われることとなったのである。これは世界大戦末期になって、米国のウッドロウ・ウィルソン大統領（Woodrow Wilson）が平和に関する一四ヵ条を唱え、大戦後の国際連盟の成立を促したことと一致している。しかしそれは、ウィルソン大統領の独創によるものであったわけではなく、当時の新しい世界の思想的潮流の一端であった。

先に「国際」という語句をキーワードとしてデジタル版『渋沢栄一伝記資料』を検索してみたことを記したが、その際もっとも多かったものは「国際親善」（「国際間の親善」なども含む）の一四八二箇所であった。ただしこれは、伝記資料の検索システム上の特性から、見出しのところに使用されている「国際親善」を拾ってきているものがほとんどであった（巻三二～四〇が国際親善をタイトルとしているため）。史料中に出てくる純粋な使用例は、およそ二九である。つまり「国際親善」という語句は、渋沢の活動を後世から見て整理した際に使われたものであり、渋沢が積極的に用いたわけではない。これは渋沢の意識として「国際親善」という語句があったわけではないことを表わしている。ただし「国際親善」に該当する行為を渋沢がしていなかったというわけでもない。

では「国際交流」という語句はどうであろう。予想に反して全くヒットしない。「国際の交流」「国際的交流」「国際上の交流」なども含めてである。「交流」を手がかりとすると、ようやく「日仏文化交流」や「思潮の交流」が数箇所出てくるだけであり、「国際交流」というのも最近使われるようになった言葉であることがわかる。

では当時の「国際親善」や「国際交流」に相当する語句は何であったのだろうか。それは「交誼」＝フレンドシップという語句であったようだ。「交誼」で引くと二五五箇所ヒットする。各国と交誼、両国交誼（両国間の交誼、両国間交誼、両国の交誼）、二国の交誼、彼我交誼、日韓の交誼、国際交誼（国際の交誼、国際上の交誼）、米国人との交誼（米国の交誼、日米交誼）、善隣の交誼（近隣の交誼）、国民の交誼（国民公私の交誼、国民的交誼、民間の交誼）、人々との交誼、対外交誼、列国交誼、唇歯輔車の交誼というように出てくる。ただし「国際交誼」（「国際の交誼」「国際情誼」「国際上の情誼」を含む）は一五しかない。

このような検索結果は、渋沢の活動が、案に反して現代的な意味における「国際親善」や「国際交流」そのものを第一に掲げたものではないことを暗示している。では「国際」に関する渋沢の関心はどこにあったのだろうか。再び「国際」をキーワードに検索してみると、「国際親善」についで多いものは、「国際連盟」の三九九（うち「国際連盟協会」の見出しの一七八を含む、純粋な「国際連盟」は八二前後であろう）である。続いて国際的（二七七）、国際間（一五一）、国際関係（一四六）、国際平和（九八）、国際問題（九七）、国際上（九四）、国際道徳（五七）、国際法（四二）、国際会議（四一）、国際紛争（三九）、国際貿易（三六）、国際正義（三三）、国際経済（三一）、国際通信（三一）、国際条約（二四）、国際商業（二一）である（括弧内は出現度数）。国際的や国際間・国際上など、キーワードとしてはほぼ無意味なものもあるが、概念的語句として意味あるものもある。ちなみに固有名詞で一〇箇所以上出現するものは、国際連盟のほかに、国際基督教、国際病院（聖路加国際病院）、国際労働会議である。

次に「国際道徳」という語句を手がかりに、渋沢の国際交流に対するイメージを抽出してみよう。なぜこの語句を選んだのかというと、これが渋沢のこの時期の外国に対する姿勢、国際社会の理想、つき合い方などに関する「国際関係・国際交流の精神」を典型的に表していると思われるからである（「国際平和」でも同様な結論になると思う）。キーワードとして「国際的道徳」「国際間の道徳」「国際間の人道」「国際間の品性」「国際上の道徳」などを含めて、出現度数は五七である。なお似た語句として「国際道義（国際の道義）」があるが、三つしかない。

これも先に述べたが、第一次世界大戦では、戦争の道義的正当性が論じられた。ドイツと戦うにあたって、それまでのドイツの対外政策が道義的にいかに不当なものであるかが主張された。たとえば大正前期の論壇をリードした浮田和民（一八五九～一九四六）も、大戦を肯定するにあたって、そのような観点から論じている。[12] これは、実際の日本開戦にあたって第二次大隈重信内閣（外務大臣加藤高明）が、純粋に日本の利益の観点から参戦を決定したことを考えると、実態とは乖離しているが、[13] 戦いを続けていく上では必要なものだった。

もう一人、大正期の論壇を牽引した代表的人物である吉野作造（一八七八～一九三三）の言説もあげておこう。吉野も、次のような文章を残している。[14] 武力・軍備が国際競争場の勝利を占めるための必要条件の一つだと述べた後の部分である。

> 乍併又単に之れ（武力の力――引用者注）のみで最後の勝利を得ることが出来ると思ふものあるは之大なる誤で

ある。（中略）歴史的に世界の大勢を観察すれば、国際相互の関係が、個人と同様に、道徳律に支配さるる方向に向ひつつあるは掩ふべからざる事実であると考へる。現今の状態を見て、国際間には道徳的支配関係は絶無であると論断するのは決して正当ではない。要するに、今日は未だ不完全の時代である。道徳のみが物を云ふのでは無論ない。故に国家としては無論第一義として武力を養ふことを怠ってはならぬ。此点に於て予輩は大体に於て軍備拡張論者である。乍併之と同時に、吾人はまた国家永遠の大計として、国際道徳の尊重をも主張せざるを得ない（傍点引用者）。

世界の大勢の推移を歴史的に見れば、武力以外に国際道徳に適っているか否かが重要な要素となってきていると述べているのである。渋沢のこの時期における国際観も、基本的には同様の観点からであった。それを次節以下で少し詳しく見たい。

四　『伝記資料』に見る国際道徳

(1) ドイツ批判としての国際道徳

デジタル版『伝記資料』で国際道徳を検索すると、一九〇二年（明治三五）の欧米旅行時にロンドン商業会議所でおこなった演説がヒットする。『東京日日新聞』の記事中に、「日英同盟は国際道徳に基き人倫の大道に発し」たものと語ったという文脈で登場している（『伝記資料』二五巻、三一〇頁）。しかしこれは新聞記者がまとめたもので、実際の演説文を詳しく掲載している『欧米紀行』には、「日英協約なるものは人道の大道に基づける思想の反映」とあり国際道徳の語はない（『伝記資料』三五巻、二七一頁以下）。また一九〇五年（明治三八）のものもヒットするが、これも武田仁恕という人物の解釈と説明のなかに出てくる文章である（『伝記資料』二七巻、一二二頁）。

渋沢が国際道徳という語を使うようになるのは、一九一二年（明治四五）六月の帰一協会発足後であるようだ。会発足直後の七月一〇日の第一例会において、今後の研究題目案として次のようなものが提示され承認された。それは、（一）信仰問題、（二）風致問題、（三）社会・経済・政治問題（精神的方面より観たる）、（四）国際並に人道問題の四分野にわたる三〇項目であった。この（四）のなかの第二項目に「国際関係と経済問題並に国際道徳問題」があった。[15]その直後の一〇月二七日に開かれた竜門社秋季総集会での講演「道徳進化論」で、さっそく渋沢は倫理・道徳研究の必要性を語っている。その際に三〇〇〇年前の「孔孟道徳」が「家庭道徳」・「個人道徳」へ影響を及ぼすようになって、現在は「社会道徳」くらいのところまで進んできており、今後は「国家道徳」「国際道徳」へ進化していかねばならないと述べているところに、この語句が初登場する（『伝記資料』四二巻、四二五頁）。

その後も帰一協会の会合で、渋沢はこの語を使っている。たとえば一九一四年三月の講演では、倫理研究上の四つの問題として、政治と道徳、経済と道徳、家庭と道徳、国際道徳という区別をつけている（「経済・道徳及び教育に関する疑問」（『伝記資料』四六巻、五〇九頁））。渋沢の意識における「国際道徳」の占める位置が、家庭の道徳や政治道徳・経済道徳と並立するものであったことが確認できよう。

この語句がよく出るようになるのは、第一次世界大戦が長期戦化した一九一六年（大正五）〜一七年の頃からである。その際、まずドイツの行動を批判する文脈の中で頻出する。たとえば次のような発言である。[16]

一昨年来の欧州の戦乱に付て、日本が英吉利の同盟国として連合国側と協商して其力を尽しつゝあるは我等日本人の満足とする所にして仮令東洋方面に及ぼす戦局の影響は大ならずとするも、彼の正義人道と国際道徳とを無視する吾人共通の敵国に対して連合諸国と協同的動作を執り、以て東洋方面に於ける与国の憂無からしむるの功を収め得たるは、余輩の心中大に喜びとする所なりとす。

ドイツが正義人道と国際道徳を無視しているので、日本は英国や連合国と協同して戦っているというのである。また同年（一九一六年）の第四次日露協約の締結に関して、「国際道徳を念とせる予輩の国民と共に慶賀に堪へざる次第なり」として肯定している（『伝記資料』四九巻、三八七頁）。その直前では日露戦後にロシアとの親密化が進められたことを、国際道徳に適っていると述べている。国際親善・交流を推進することそのものが、国際道徳のあるべき姿ということになる。

では反対に国際道徳にはずれた状況とはどのようなことなのだろうか。これについては、国際関係における「弱肉強食」の状況を挙げている(17)。次のような文章がある(18)。

刻下の戦争は平和を愛する王道主義と、弱肉強食を旨とする侵略主義との衝突であつて、英国の決然奮起したのも、独逸が其初め局外中立地帯を無視し、白耳義に対して国際道徳を破壊するの振舞を為したるより、遂に戈を執るに至りし次第である。我が帝国の宣戦の挙も、要は正義人道を尊重するに在りて、殊に日英同盟の義を重んじ、且つ東洋の平和を維持するに外ならぬのである。

まさに、弱肉強食の行動の代表的なものが、中立を無視したドイツのベルギー侵攻であった。その「侵略の心を全く止める」には、日米英が協力して「他の暴戻の国に対し、お前さう云ふ事はさせぬぞと云ふことを言ひ」、そうさせないようにすれば国際道徳は高まると述べている（『伝記資料』四二巻、六三六頁）。

(2) 欧米の道徳とアジアの道徳

だが一九一七年頃には、渋沢の批判は、ドイツに限らず、ヨーロッパの有様を「国際道徳は全く廃滅致したと言ふても過言ではなからうと思ふ」と述べているように（『伝記資料』三三巻、四八一頁）、国際道徳が実現できていない世界全体の実情を憂慮するようになる。毒ガス戦がおこなわれ、大量の戦死者を出すような戦争形態になったことが、ドイツに限らない総括的な批判につながったのだろう。そしてヨーロッパでそのような悲惨な現象の起こっている原因を、「個人関係が、第一に強いと云ふを主として、道理とか礼譲とか云ふを後にするから起つて来る」、それが「国際的となると、全く之に反して遂に根本を忘れて、国際道徳と云ふものを無視するやうに成つたのではないかと思ひます」と述べている（『伝記資料』四二巻、六一九頁）。つまりヨーロッパの個人優先主義そのものが、国際道徳と合致することが難しいものだとしているのである。

このような発言の裏には、渋沢が欧米の道徳とアジアの道徳の違いのようなものを念頭においていたことが影響していたと思われる。一九一三年（大正二）にアジア人で初めてノーベル賞（文学賞）を受賞したインドの思想家ラビンドラナート・タゴール（Rabindranath Tagore）（一八六一～一九四一）が、一九一六年五月に来日した。渋沢は数度タゴールと面会したが、その時に、およそ次のようなやりとりがあった。渋沢が国際道徳は個人道徳のように進歩しておらず、「他国の幸福を犠牲にするも自国の利益を謀りさへすれば、それで足れり」とするような状況で、それが大戦乱の原因となっているので、どうすれば個人道徳を国際道徳に延長することができるかと尋ねたのに対して、タゴールは、アヘン戦争時の英国のひどい行動を例にあげて、「斯んなことを今回の欧州戦争によつて初めて御理解になつたのか。文明人と称する欧州人に国際道徳を重んずる精神の無い事は、タゴール遠うの昔から承知して居つた」とばかりに、激した調子で語ったというのである（『伝記資料』四六巻、六二八頁）。

欧米の道徳への懐疑を語り合ったのである。そこで東洋思想の登場ということになる。渋沢は、大戦前は国際道徳は向上すると考えていたが、大戦を見るとそうではなかった、しかし三〇〇〇年前の中国大陸では国際道徳が遵守されていた、孔子・孟子が説いた王道こそが国際道徳であり、それを広めることが重要だと述べている（「道徳観念の退化」『伝記資料』四四巻、九二〜九四頁）。

少し長いので要約する。自分（渋沢）は、道徳も進化すると思って来たが、実際には退化している傾向がある。特に国際道徳においては、それが甚だしい。物質文明は進歩を遂げているのに、精神文明はこれに伴っておらず、むしろ逆に退化している。三〇〇〇年前の中国大陸では国際道徳が遵守されていたように見える。

戦争が始まる前までは欧州の文明は段々と進歩して来る模様であるから、国際間に道徳が確守されて国際道徳が向上するやうになるだらうと思つて居たが、（中略）再昨年以来世の中が全然転覆り返つてしまつて、欧州の天地が又もや大昔の野蛮時代と同様になり、国と国とが干戈を以つて相見ゆるやうになつた。

孔子や孟子の説いた「王者の道といふものは、今日で申す国際道徳の事である」。つまり大戦そのものを野蛮な国際道徳にかなっていないもので、孔孟の説く王道こそが国際道徳だと述べるようになっているのである。

（3）第一次世界大戦後の国際道徳

大戦の残虐化を目の当たりにすることによって欧米流の道徳への失望感を表明した渋沢であったが、しかし大戦終結期になると、欧米社会において戦争への反省感が高まっていたこともあり、もう一度期待をかけてみようという態度に変化している。

渋沢は一九一八年の「戦後の国際道徳」で、ジョン・C・ベリー（John Cutting Berry）（一八四七〜一九三六）という米国人宣教師との問答について言及している（『伝記資料』五七巻、六四八～六五〇頁）。渋沢が、平和的なキリスト教を奉じるヨーロッパ諸国が、こんな惨虐極まりない大戦争を起こしたのはなぜなのかを問うと、ベリーは、戦争が終われば宗教は数倍の力を回復し、人間関係や国際関係に「非常な力をもつて働きかけるであろう」、だから現在努めなければならないのは「宗教心と徳義心＝国際間の道徳思想の涵養」をすることである、宗教家として言えるのはこれだけだと答えたというのである。

渋沢の問いに対して直接回答していないのであるが、渋沢はそれを引いて「今度の戦争終局後、国際の道徳思想の復興及個人の道徳の復興といふことは、疑ひもない事実であるらしい（中略）世界各国では此大戦終熄後従来に一段と増した国際道徳の必要が、生ずるのは論を待たないのであります」と述べ、「国際道徳を完成せんとするには、先づ何物よりも重要な根本的必要条件は個人の道徳思想の養成といふ事」と基本に立ち返って、もう一度欧米国際社会に期待をかけている。

その基本であるのは、まず個人レベルで宗教心と道徳心を高めようとして努力することであり、続いて国家も各国が道徳を高めることであり、道徳の高い国が集まったら自然と国際道徳も完全となるというのである。ここからは、ウィルソン大統領への支持と国際連盟への期待とが出てくることになる（『伝記資料』四四巻、二五五頁）。そして「ウイルソン大統領が国際連盟を唱道しても矢張空文に終つて仕舞ふから、ウイルソン大統領は宜しく其本を勉めて、国際連盟を主張されるには、一歩進めて国際道徳を高めることを努めなければならぬ」と一九一九年に述べている（『伝記資料』四〇巻、三五八頁）。「一国の道徳を進めずして国際道徳の高きを望むは、本を濁して末の清まるを待つと同様で到底出来ることではない（中略）道徳の高き国と国とが寄つたならば、国際道徳も自然と完全になる」と、各国それぞれが道徳を高めることが必要であり、道徳の高い国が集まったら自然と国際道徳も完全になるだろうという、いささか楽観的すぎることが述べられている。その集まる場所が国際連盟だったのである（『伝記資料』五〇巻、六一〇頁)。

渋沢が大戦後の国際道徳を進めて行く鍵として特に米国に注目していたことは、一九一七年の石井菊次郎大使の米国赴任送別会席上で、米国は「正義人道を重じ常に真摯質実に其意見を吐露する国風」と聞いているので、自己利益主張の弊害を除去する精神でことにあたってほしいと演説していることからわかる(『伝記資料』三五巻、五六九頁)。ウィルソン大統領に対する言及も同じである。米国の「正義人道」をベタ褒めしているというわけではなく、「今般の講和会議に於ける亜米利加の行動も、私は国際道徳が完備したとは言へぬ節があると思ひます。自他の国々の欠点多きことは勿論である。どうぞ亜米利加をして、成るべく国際道徳の円満なることに国民を挙げて努めて貰ひたい、同時に日本も同様にありたいと私は祈念するのであります」とも述べている(『伝記資料』四〇巻、三五八頁)。このように、名実ともに世界を引っ張っていく存在となった米国に対する期待感と、そのためには日本や英国も力を合わせて今後の国際社会を引っ張っていかなければならないというところからの発言であった。

一九二一年末からのワシントン会議にあたっても、米国が会議を招聘したのは「国際道徳の精神によつて、真に各国相互の為めに、世界共存の高遠なる趣旨によつて、此会議の招集を提議して来たのであらうか、そして此国際道徳を何処迄も実現しようと言ふ熱烈なる勇気と、真摯なる態度とを執つて渝らざる意気込みがあるであらうか」、また参加各国は「国際道徳上より此提唱に賛同し、此の根本観念を衷心に懐抱して、而して此の会議に臨まんとするのであらうか」と問うている(『伝記資料』五五巻、六六二頁)。国際政治が各国の利害によって動いていることを十分に理解しながら、失望せずに、「互に正当なる自国の要求を提出し、他の参加国は皆心を空うして其所説を傾聴し、深き同情を以て其国の立場を考察し、然る後譲るべきを譲り、反省せしむべきは反省させる様」にすればどうなるかと述べているのである。

五　国際交流と国際道徳

渋沢の多彩な国際交流活動は、米国や中国への外遊をはじめとして、その他世界各国との親善団体活動への貢献、国家を超えた国際連盟協会や太平洋問題協議会・調査会、国際児童親善会などへの後援、そして人道的国際災害援助など多岐にわたった。これらの活動に渋沢が関わったのは、渋沢の国際交流・親善活動にかける積極的な姿勢があったのはもちろんだが、それらは日本の国際化が、積極的に海外に向けてかかわりを持って行く段階に入ったことで初めて可能となった側面もある。

そしてそのような日本の国際化は、日本が国際社会で活動するにあたっての、精神的準備を必要とさせるものであった。国際化にともなう行動規範を、いかに整えていくかが問題となった。それは企業の活動＝商業道徳や国家の活動＝国際道徳が問われる時代が始まったことを意味した。ちょうどその時に勃発したのが第一次世界大戦であった。大戦が、渋沢の国際観に与えた影響は大きかった。渋沢の国際交流活動や親善活動は、第一次世界大戦前後を通じて拡大しているので、渋沢が「国際交流活動」自体に懐疑的になったわけではない。しかし幕末・明治維新以来、欧米を模範として日本の近代化を推進させてきた渋沢にとって、大戦は、欧米模範を見直していく上で一つの契機となった。それが国際道徳という語句の分析から明らかになる。

道徳は個人道徳から家族道徳・社会道徳へと進化し、やがて国際道徳へとつながることによって国際交流は活発化し世界平和は達成されるようになる。その精神は、欧米的なものも東洋的なものも変わらない、いや共通するものであるという文明観が、まずドイツの弱肉強食むき出しの行動によって打ち砕かれ、さらに第一次世界大戦の悲惨化は、欧米思想への疑念を生じさせ、むしろアジアに古来からあった道徳・文明観の現代的意義を浮上させた。

しかしそれでも、それは欧米への全面的な否定であったわけではない。国際連盟の試みは、希望を与えてくれるものであった。だが基本は、個人が各国・各地域において、努力することにあった。渋沢は大戦後の一九二〇年に、「個人の道徳、一国中の人と人との間の道徳が進まなければ、決して国際道徳を高めると云ふことは私は出来まいと思ふ」と述べている（『伝記資料』四三巻、一七頁）。

だがそのような淡い期待を打ち破ったのが、一九二四年の米国における日本人移民の全面的禁止を意味した移民法の通過であった。渋沢の直接的な発言ではないが、『伝記資料』には、日本移民禁止法は国際道徳に適っていないと述べた山田三良の論説が引かれている（『伝記資料』三四巻、二一七頁）。渋沢の発言そのものが一九二〇年代になると減少しているので見当たらないのかもしれないが、以後の国際道徳の使用例はない。象徴的なのは、金子堅太郎が排日移民法の通過に抗議して日米協会の会長を辞した際である。渋沢は、金子の辞職を思いとどまらせようとしたが、金子は聞かなかったという。金子は、一九三一年の満州事変勃発後におこなった発言において、辞職の理由について「国際道徳上許すべからざるもの」と述べている[19]。渋沢がそれを国際道徳に反する行為だと直接述べた記録はないし、その後も渋沢は日米親善に尽くしているので、金子とは違う。また満州事変勃発直後の一九三一年一一月一一日、渋沢は九一歳の生涯を閉じたため、満州事変以後の日本の行動を擁護する機会はなかった。しかし国際道徳という言葉で、物事を打開していくことは難しいと考えるようになっていたとしても不思議ではない。

注

（1）木村昌人『日米民間経済外交　一九〇五～一九一一』（慶應通信、一九八九年）、および木村昌人『渋沢栄一――民間経済外交の創始者』（中公新書、一九九一年）、片桐庸夫『民間交流のパイオニア　渋沢栄一の国民外交』（藤原書店、二〇一三年）。

（2）下記URLを参照のこと（https://eiichi.shibusawa.or.jp/denkishiryo/digital/main/（最終閲覧日：二〇一九年八月一九日））。なお検索システム上の問題で、資料本文のみを対象としても、部・章・節・款など、後に編者が与えたタイトルを拾ってしまうという難点があることには注意が必要である。
(3)　櫻井良樹「戦前期横浜と東京の外国人社会――取締法制の変遷と統計的分析から」（横浜外国人社会研究会・横浜開港資料館編『横浜と外国人社会――激動の20世紀を生きた人びと』日本経済評論社、二〇一五年）。
(4)　一九一四年九月一二日「独逸国人退去処分執行の件」内務省秘第一六九三号内務次官通牒。
(5)　磯見辰典・黒沢文貴・櫻井良樹『日本・ベルギー関係史』（白水社、一九八九年）、櫻井良樹「日本・ベルギー関係史の一断面：第一次世界大戦期における資料」（『麗澤大学紀要』八九巻、二〇〇九年一二月）。
(6)　アルメニア人難民救済活動に関しては、大山瑞代「アルメニア人アプカー一家の三代記」（横浜外国人社会研究会・横浜開港資料館編『横浜と外国人社会――激動の20世紀を生きた人々』日本経済評論社、二〇一五年）、および本書コラム２「アルメニア難民救済と渋沢栄一の慈善事業」を参照されたい。
(7)　本宮一男「第一次世界大戦と横浜在留ドイツ人」（前掲、横浜外国人社会研究会・横浜開港資料館編『横浜と外国人社会』一三三～一三五頁）。
(8)　波多野勝・飯森明子『関東大震災と日米外交』（草思社、一九九九年）。
(9)　田彤編・于臣訳『渋沢栄一と中国』（不二出版、二〇一六年）。
(10)　櫻井良樹『辛亥革命と日本政治の変動』（岩波書店、二〇〇九年）。
(11)　飯塚一幸『日清・日露戦争と帝国日本』（吉川弘文館、二〇一六年）。
(12)　櫻井良樹「浮田和民の『新道徳論』から得られるもの――道徳と国家・経済」（道徳経済一体論研究会編『戦前日本の経済道徳――その形成に関する試論』麗澤大学経済社会総合研究センター『Working Paper』五四、二〇一三年（https://reitaku.repo.nii.ac.jp/（最終閲覧日：二〇一九年八月一九日））。浮田については姜克實『浮田和民の思想史的研究』（不二出版、二〇〇三年）が詳しい。
(13)　櫻井良樹『加藤高明――主義主張を枉げるな』（ミネルヴァ書房、二〇一三年）、櫻井良樹『国際化時代「大正日本」』（吉川弘文館、二〇一七年）。
(14)　吉野作造「国際競争場裡に於ける最後の勝利」（『新人』一五巻一二号、一九一四年一二月）。
(15)　「帰一協会の設立」（『竜門雑誌』二九〇号、一九一二年（『伝記資料』四六巻、四三三～四四四頁））。帰一協会については、本シリーズ『帰一協会の挑戦と渋沢栄一』を参照されたい。
(16)　「日英の国交」（『竜門雑誌』三四一号、一九一六年（『伝記資料』四〇巻、五〇一頁））。

(17) 「帰一協会員有志の意見」(成瀬仁蔵著『世界統御の力』一九一七年(『伝記資料』四八巻、一五四頁))。
(18) 「世界平和の基礎」(『竜門雑誌』三五三号、一九一七年(『伝記資料』四〇巻、五〇三頁))。
(19) 金子堅太郎「日米親善と渋沢子爵」(『斯文』一三編一二号、一九三一年一二月(『伝記資料』三五巻、六〇九頁))。

第二章　渋沢栄一にとって英国とは何か

木村　昌人

一　英国は渋沢の理想の国家であったといえるか

渋沢栄一の九一年の生涯は、英国史の節目に不思議なほど重なる。[1] 渋沢が生まれた一八四〇年（天保一一）に勃発したアヘン戦争の結果、英国は東アジアへ本格的にかかわり始め、渋沢の死去した一九三一年（昭和六）の九月に、英国は金本位制度から離脱した。欧米諸国が一九二九年（昭和四）のウォール街の株価暴落に端を発する世界恐慌への対応に追われているとき、満州事変が勃発し、東アジアでは日本の本格的な軍事行動による新たな時代を迎えた。

それでは英国は、渋沢栄一にとってどのような存在であったのか。つまり「論語と算盤（道徳経済合一説）」を唱道して、合本主義により近代日本の経済社会の発展に大きな足跡を残した渋沢栄一は、英国をどのように認識し、英国からどのような影響を受けたのか。これらを考察するのが本章の課題である。

渋沢は絶えず「世界の中の日本」という視座を持ち、国際社会の動向を観察し日本の進む道を模索し続けた財界リーダーであった。とくに第一次世界大戦が勃発した一九一〇年代からは、日本は国際協調・善隣友好のため、さらには世界平和の実現のために何をなすべきかという問題意識を持ち、積極的に行動した。彼の思想の基盤である儒教（論語）と孔子を生んだ中国や、二〇世紀に入ってから渋沢が日本に最も影響を及ぼす国として重視した米国については、渋沢の国際認識や「民間」外交の視点から数多くの研究があるが[2]、渋沢と英国との関係はあまり詳細に検討されて来たとは言えない。

数少ない研究の中で注目すべきは、渋沢の国民外交について実証的に研究した片桐庸夫が指摘した渋沢の英国認識である。片桐によると、渋沢は欧米諸国の中で金融・資本提携への信頼度や商業道徳が最も高いことを理由に、理想の国家像を海洋国家英国に見出した。渋沢は、中国市場においては英国との協調を優先したが、植民地主義や領土獲得は念頭になかった。したがって渋沢の英国認識は英国の実像とは異なっていた、と結論付けている[3]。渋沢の発言に裏付けられ説得力があるが、いくつかの疑問点も残る。まず軍事力を行使し植民地を獲得することに反対であった渋沢が、砲艦外交にて他国を侵略して史上最大の帝国となった英国の行動を是認することができたのであろうか。植民地に対する過酷な支配の上に英国社会の豊かさが維持されている現実を知りながら、英国を商業道徳が高い「理想の国家」と見ていたのであろうか、などである。

むしろ渋沢にとっての英国の意味は必ずしも一貫したものではなく、時代とともに変化したのではないか。渋沢自身が日清・日露戦争を経て、日本の安全保障という観点と、自らの見聞による韓国の社会や人々に対する評価の低さから韓国併合を容認することになったように、渋沢の英国に対する見方にも、国際環境の変化や渋沢自身の社会的地位の上昇に伴い、変化があったのではないだろうか。また二〇世紀に入り渋沢が注目した米国の台頭は、彼の英国認識に変化を与えたのではないか、などである。

以下、三つの時期に分けて、渋沢にとっての英国の意味がどのように変化していったかについて、中国や米国との関係を視野に入れながら考察していく。

二　「依存」から「挑戦者」へ――変化する日英経済関係

（1）攘夷の対象から「模範とする国家」へ

一八四〇年に勃発したアヘン戦争の知らせは、オランダ船や中国船を通じて日本に伝えられ、英国が日本にも艦隊を派遣して通商を求め、拒否すれば戦争も辞さずという態度であることを知った幕府は衝撃を受けた。さらに外国船を追い返すという一八二五年（文政八）の無二念打払令は、国際社会のルールに反するということを幕府は知った。しかし後期水戸学の影響を強く受けた日本各地の若い武士たちは攘夷論を支持し、開国に反対するものが多かった。尾高惇忠に師事した渋沢もその一人であった。アヘン戦争をめぐる英国の要求の理不尽さや暴虐ぶりに怒り、攘夷論に染まってゆく。

攘夷決行を思いとどまり、一橋家に仕官した渋沢は、当主慶喜が第一五代将軍になったため、不本意ながら幕臣となった。運よく渋沢は一八六七年（慶応三）、パリ万国博覧会に参加する徳川昭武一行に加わりヨーロッパへ向った。途中上海、香港、インドなど英国植民地に立ち寄った渋沢は、そこで英国の植民地政策の実態を見聞した。また初代駐日米国公使タウンゼント・ハリス（Townsend Harris）が、英国の理不尽な対応とは異なり、通商条約締結に際し、日本側の主張にも配慮した理にかなった対応をしたことを知り、米国は正義人道の国という感を強くした。

渋沢の英国観が変化したのは、このヨーロッパ滞在を通じてであった。二年弱の仏国滞在中、渋沢は大英帝国が最も栄えた時代の英国を訪問し、立憲君主制や自由と民主主義を基盤とした資本主義社会を垣間見た。渋沢は、日本が英国から吸収すべきことが多々あることを知った。帰国後、明治政府に仕官し、ヨーロッパで学んだ知識を生かし、民部省改正掛の係長として様々な制度改革案を取りまとめ実行するときに、英国はあらゆる面で模範となった。生涯を通じて最も力を入れた銀行をはじめ、東京商業会議所、王子製紙、大阪紡績、東京海上火災の設立など、渋沢が手掛けた数多くの事業のほとんどに、英国の技術、資本、人材が何らかの形で関係していた。例えば英国財務官アラン・シャンド（Alexander Allan Shand）は、西洋式簿記をはじめとする近代銀行業務の実務を渋沢ら日本の大蔵省の役人に教えた。

この時代、渋沢は、模範的な国家として英国を高く評価していたといえる。つまり日本と同様、大陸から少し離れた島国で世界的な次元で貿易や通商を展開するモデルとして英国を見出した。

実業人を政治家や軍人よりも国の運営の主体においていることも、実業家の地位向上を図ろうと考えていた渋沢にとっては好ましかった。①貿易や通商を奨励し、それを担う自国商船を後方から保護していること、②英国が泰然自若として経済的手段を用いて、相互依存関係、善隣友好の関係を創出し、それによって自国の安全保障を確実なものにすること、③最終的に国際平和を実現するというものであった。[4]したがって道路、水道、ガス、郵便、鉄道、海運といった経済発展に欠かせない基盤整備の多くを英国からの技術移転により実現していったことはよく知られている。

(2) 外国商人の横暴への対応

渋沢は、英国商人から批判された日本側の商品取り扱いの問題点を直しながらも、生糸貿易における外国商人の不正・横暴に対抗して、日本人の売込商が組織を整え、対抗することが必要と感じ、横浜の生糸商が設立した連合荷扱所に対して、第一国立銀行、第二国立銀行、三井銀行が五百万円以上の資金を前貸しすることを斡旋した。まず正常な取引ができる仕組みや舞台を創設することが商業道徳の向上につながると考えたのであった。横浜の外商たちは連合荷扱所の設立に反対したが、海外での日本の生糸に対する需要は底堅く、日本側は反対を押し切り連合荷扱所の設立にこぎつけた。

また新井領一郎、星野長太郎らの努力により、ニューヨークでの直輸出が軌道に乗る。[5] 外商の活動を居留地に隔離してきた不平等な条項が撤廃され、一九一一年（明治四四）に日英、日米通商条約が改定され、関税自主権を獲得するに至り、この問題はようやく下火になった。

(3) 英国依存から挑戦者へ——明治以降の日英経済関係[6]

明治以降、日本は英国からの依存から徐々に英国の得意分野への挑戦者となってゆく。渋沢が深くかかわった企業も英国企業との熾烈な競争が始まる。一九世紀後半期の世界経済の中で、日本と中国はともに欧米諸国への生糸、茶、石炭、銅などの原料輸出市場であった。英国の製造業者や貿易商は、中国市場に対しては潜在力を評価して、将来有望との楽観的な見通しを抱いていたが、日本市場に対しての期待はそれほど大きくなかった。一八七〇年（明治三）には、日本との貿易はほとんど無視できるほど少なかった。しかし一九〇〇年（明治三三）には英国の輸出総額に占める割合は中国が一・六％に対して、日本は二・八％に増加した。日本の貿易は全体として輸入超過の状況が続くが、一九世紀後半に英国及び英帝国地域は、平均して日本の輸出入貿易の二五～三〇％を占めていた。その中で英国、香港、インドが三大貿易相手地域であった。英国は一八八〇年代には日本の輸入貿易の四五％を占め、最大の輸入相手国であった。[7]

英国にとって日本の海運業と繊維産業が脅威となった。一八七〇年代に三菱会社が上海航路を開設し、米国の太平洋郵船会社、英国のP&O汽船との間で熾烈な競争を展開し、日本沿岸航路での日本海運業の支配を確立した。また英国の海運政策に学んだ日本は、航海奨励法や造船奨励法などの海運育成策を次々と打ち出し、日本郵船、大阪商船などの船会社は遠洋航路にも進出したほか、インドから原綿を直輸入するため、ボンベイ・インド航路では、英国、オーストリア、イタリアなどの船会社と熾烈な競争を展開した(8)。こうした中で、紡績、海運を育成してきた渋沢は、インド最大の財閥のタタ一族との経済交流も進めた。日本経済は全体としては英国に依存していながらも、紡績、海運、インドといった英国の世界支配の基盤を脅かす存在になってきたのである。

三　欧米漫遊と渡米実業団

(1) 米国初訪問の衝撃

一八九六年(明治二九)に金本位制度へ移行した日本は、名誉ある孤立政策を捨てた英国と一九〇二年(明治三五)に同盟を締結し、日英関係はつかの間の協調関係に入った。同年、渋沢は東京商業会議所会頭として、英国皇太子の戴冠式に参列すると同時に、日本の経済発展を欧米各国がどのように評価しているかを知るために、米国経由で英国と仏国、ベルギー、ドイツを歴訪した。この欧米訪問は、渋沢の英国認識を変化させることになった。

まず渋沢が初めて訪問した米国から受けた衝撃は非常に大きかった。日本やヨーロッパに比べ、米国は農業、工業、商業あらゆる面で渋沢の想像をはるかに超えるほどの規模の大きさがあり、将来への可能性は大いに期待できた。米国人はざっくばらんで冒険心に富み、躍動感あふれる米国社会にすっかり魅了された。若い国の危うさを感じながらも、米国の経済力をもってすれば、近い将来東アジア、特に中国市場で日本商品と競合することは間違いないと直感した。渋沢は米国の持つすさまじい力の秘密を探ろうとした。彼はその秘密のひとつを「国運の宣揚を勉め他国に対して商工業の拡張を図ることにつきましては、まったく一団体となって亜米利加『ナイズ』している」と指摘し(『伝記資料』二五巻、四二二頁)、多様な人々を一国の国民として融和させる「アメリカナイズ」と考えた。

（2）英国の日本経済に対する厳しい評価

米国で衝撃を受けたのち大西洋を渡り、日本経済界の代表という立場から渋沢は二度目の英国をどのように見たのであろうか。英国は米国ほどの活気はないが、やはり世界一の先進国であり、政治、経済、社会どれをとっても安定感があり、同盟国として信頼できる国であった。仏国、ドイツ、ベルギーなどを歴訪したのち帰国した渋沢は、英国を欧米で最も重きを置かれるのは英国人であり、その理由を最も商業道徳が高いこととしている（『伝記資料』二五巻、四二三頁）。また資本提携を結ぶのであれば米国よりも英国を選ぶと、改めて英国の金融力に高い評価を与えている。

英国訪問中に渋沢が最もショックを受けたのは、日本商品の品質や不正行為に対して厳しい批判を浴びたことであった[9]。明治期、欧米諸国に追いつこうとして殖産興業を率先してきた渋沢は、日本が軍事力だけではなく、経済力もついたことをアピールしたが、欧米諸国ではあまり評価されず、日本の企業家活動が世界にまだまだ通用しないことを知った。

（3）米国の本格的調査へ

米国の躍動的な成長力と英国の安定感・信頼性を感じた渋沢も、初訪問時には米国がこのまま着実に成長し続けるには一抹の不安を感じていた。しかし二回目の訪米となる一九〇九年（明治四二）渡米実業団団長として米国主要都市を訪問した時には、米国が着実に経済発展を遂げ中国市場で日本製品と競争することを真剣に危惧し始めた。渡米中にもサンフランシスコなどで米国輸出業者から日本の対米貿易が輸出超過という貿易不均衡は、不公平、不公正であるとの批判を受け、ますますその感を強くした。

二度の訪米を通じて、大統領を含む政財界の実力者ばかりでなく、社会、教育、福祉に関係する施設も訪問した。

例えばフィラデルフィアでは、ブリンマー女子大学、ジラード・カレッジを見学し（『伝記資料』、三二巻、一六二～一六三頁）、個人の慈善活動が中心のチャリティとは異なり、カーネギー（Andrew Carnegie）、ロックフェラー家など大富豪が、自らの資産を投じて、必ずしも宗教とは関係せずに、財団という公益法人を創設し、組織的に福祉や研究・教育活動を支援するというフィランソロピーに感銘を受けた。

英仏、英露関係の改善に伴い、日仏と日露の間にも協商関係が成立し、日英同盟の性格は変わってきた。米国との関係が日英両国の新しい問題に浮上した。中国の門戸開放を強く唱える米国の存在は、中国をめぐる日英関係を複雑にした。渋沢は中国経済の発展に不可欠な基盤整備を日本と欧米の共同資本でおこなうことが最優先されるべきとの考えであった。日本の実業家の多くは、日清戦争以降顕著になった日本国内の中国に対する侮蔑感の広がりが、日中両国関係の将来にとって大きなマイナスになると懸念していた。日露戦争での日本の勝利に触発されて、アジア諸地域から次々と若者が日本へ留学したが、その留学生が日本を嫌いになって帰国することを憂慮した。渋沢や中野武営は、中国の将来を日中の実業家や知識人が虚心坦懐に話し合い日中関係の改善に努めることが急務と考えた。また日英米三国関係の鍵を握るのは対中関係の改善と中国経済の基盤整備に対する英米との共同作業であると確信していた。

一九一一年日英・日米通商条約が改定され、日本は関税自主権を獲得した。明治日本の外交政策の大きな目標の一つを明治の終わりに達成したわけだが、英国から見ればいよいよ日本との経済競争が激しくなることを意味した。同年中国では武昌での武装蜂起がきっかけとなり辛亥革命がおこり、翌年中華民国が誕生、清朝が倒れたが、中国国内は一向に安定せず、中国とどう向き合うかは日英米三国間の大きな懸案事項となった。

四　揺れ動く渋沢の英国観

(1) 内外環境の構造変化

一九一〇年代から二〇年代にかけて国際社会の構造が大きく変わり、渋沢の英国に対する見方も大きく変わった。まず辛亥革命を皮切りにロシア革命、第一次世界大戦により一九世紀国際関係の主要な構成国であったドイツなどの大陸帝国が次々と崩壊した。残った英国も全盛期の勢いを失い、新興帝国日本は、目標喪失の虚脱感から漂流する兆しを見せていた。日英両国にとって日英同盟の必要性は低下し、急速に台頭した米国との関係がより重要になり、米国との対立と協調の入り混じった複雑な外交を展開することになった。

第二の変化は、民主主義、社会主義といったイデオロギーが外交思想に入り込み、国際関係に大きな影を落とすことになった。民主主義に則った「新外交」を展開する米国大統領ウッドロウ・ウィルソンの登場と社会主義国ソ連の誕生は、全世界の知的社会と社会運動家を興奮させた。大正デモクラシー時代と呼ばれた日本でも、左右のイデオロギーを真正面から議論する雰囲気が生まれた。中国では五四運動など反日機運が高まってきたが、一方で思想界には、辛亥革命以来の三民主義や共産主義などのイデオロギーが入り乱れていた。

第三にインターナショナリズム（国際主義）とナショナリズム（国家主義）の絡み合いであった。経済・思想・文化の分野で国境を越えた知的交流はますます進み、財界人・知識人は数多くの国際会議に参加し相互訪問をおこなった。他方で、彼らは強烈なナショナリズムと向き合わなければならなかった。例えば国際連盟主催の国際経済会議の場では、経済活動の自由化を推進し世界経済の発展を議題としながらも、自国の利益に抵触するときには、参加者は保護主義を唱え一歩も譲らない構えをとった。

(2) 保護主義への傾斜

日本は軍事力を行使せず平和裏に英国のような貿易立国をめざすべきと考えていた渋沢は、明治前期までは、田口卯吉らの自由貿易論を支持し、自由貿易主義を唱えていた。しかし、二〇世紀に入ると保護貿易主義に傾斜する。一九一〇年（明治四三）に栄一は、国産品の輸出を奨励し、外国品の攻勢から国産品を発達させるためには、国家は保護貿易の方針を取る必要があることを明確にした。その理由として、「自由・公平という立場にこだわり、遂に自国の輸出貿易を保護し、または工芸に対して輸入を防ぐということを忘れ、また彼の善をとり、美を学ぶという観念ばかりが先に立って、損益の経営を後にしたために生じてきた誤謬であった」と説明した（『伝記資料』五四巻、三〇頁）。日本よりも資本・技術・経験・智見がすぐれている欧米企業と競争していくためには、国家の保護政策が不可欠と考えるようになったのである。しかし、渋沢は、アダム・スミス（Adam Smith）の『道徳情操論』を引用して、英国の経済活動の守護神的存在であったスミスの自由放任論の前提には、道徳と経済の一致があり、英国の自由貿易主義に対しての一定の留保は忘れなかった。

第一次世界大戦から渋沢が学んだことは、総力戦を前提とした戦略資源の確保の重要性であった。大戦の主要舞台はヨーロッパで日本の関与は限定的であったため、日本のリーダーは、戦争の発想が根本的に変わり、国家と国家とが持てる力を総動員して戦う「総力戦」の時代に突入したことを頭の中では理解していても、現実に日本にも起こりうる問題としては考えていなかった。

しかし一九一七年（大正六）の米国の参戦に伴い日本への銑鉄輸出が停止されると、鉄鋼業界・造船業界は窮地に陥り、政・軍・財界ともに資源小国である日本の脆弱性を思い知らされた。英国は、自国の海運業を苦境に陥れた日本の海運業や造船業の力を弱める好機ととらえていた[10]。幸い米国の銑鉄輸出禁止への渋沢や松方幸次郎など財界リーダーの対応策が功を奏したが、財界はこれを機に中国大陸からの鉄鋼・石炭などの獲得に積極的になる[11]。総力戦へ向けての資源獲得に向け、日本が本格的にアジア太平洋地域の富源開拓に取り組むきっかけになった。

こうした日本の変化は当然中国市場での日英米経済関係にも変化を起こさせる。森恪のような中国資源の囲い込み的行動がナショナリズムと結びつき日本社会で説得力を持ってくると同時に、中国側は反発し排日運動に発展する。渋沢や白岩龍平らのように、日中関係を相互利益の増進という観点から捉え、中国の経済社会の基盤整備を急務と考える前向きの財界人にとっては良好な日中関係を維持することが難しくなっていた。

さらに、米国の存在が日中関係で決定的に重要になったことが中国での日英関係を複雑にした。一九世紀後半から米国の西太平洋への関与は大きくなってきたが、一九一四年（大正三）パナマ運河開通により、名実ともに大西洋と太平洋にまたがる世界一の海洋国家となった米国は東アジアへの進出を本格化し、日中関係を考えるときには不可欠な要因になったのである。揚子江流域や広州、香港での英国の存在は依然として大きかったが、資本不足の日本の財界にとっては、米国の主張する門戸開放・機会均等に関する宣言やモルガン商会など国際金融資本の動きにどのように対処するかが中国進出の鍵を握ることになった。第一次世界大戦直後の新四国借款団をめぐる交渉はその良い例である。

また満蒙だけでなく、一九世紀以来欧州列国の競合する地として最も注目を集めていた揚子江流域にも米国の関与は強まり、新たな競争と協調の可能性を生み出した。日本の財界人や知識人は米国の理念や行動に強い影響を受け、日中米三国の枠組みが意識され始めたのである。他方、英国はこうした米国や日本の台頭、とくに大戦中からの日本の中国、インド市場への経済進出を脅威に感じ、英国の権益を侵害するとして激しく日本と対立した。渋沢の英国に対する信頼感とは違い、英国にとって日本の経済界は手ごわい競争相手に映ったのである。

以上の内外環境の構造変化はどれも長期にわたる大潮流の一断面かもしれないが、渋沢にとっての英国の意味を考える際には重要であろう。

一九一四年の中国訪問と翌年の三度目の訪米は、渋沢にとっての英国の意味を考える際に看過できない影響を及ぼした。混乱する中国情勢を視察するため、渋沢は一九一四年五月に揚子江流域から中国に入り、北京では袁世凱《ユエンシーカイ》と面談した。この渋沢訪中に対し英国と中国のメディアは、日本が利権を伸ばし英国の中国権益を脅かすものと大きく報道した。渋沢はこの報道に対して、珍しく感情的というほど反論し、今回の訪中は、孔子廟訪問が主たる目的であると明言した。中国の混乱した状況を見聞した渋沢は、揚子江付近の中国中心部での経済活動を拡張するためには、引き続き英国との協調行動の必要性を感じた[12]。

同年八月に開通したパナマ運河は、英国中心の世界貿易体制に終止符を打つことになった。つまり米国が太平洋と大西洋をつなぐ真の両洋国家になり、米国を中心とした世界の貿易地図に塗り替えたのである[13]。翌年渋沢は、パナマ太平洋博覧会に参加するためサンフランシスコを訪れ、東海岸へ足を延ばし、ウィルソン大統領と会見した。渋沢は第一次世界大戦により、英国、ドイツ両陣営どちらが最終的な勝利を収めても、ヨーロッパ全体が世界の中で影響力は下がり、代わって米国の国際社会での役割が増加し、東アジアでも米国の動きが決定的な影響力を持つと考えるようになった。英国も渋沢と同様に東アジアにおける米国の動きを警戒した。

（3）日英経済交流の進展

第一次世界大戦後、東アジアをめぐって英米が対立する機会が増加した。すでに中国大陸に特殊権益を持つ英国にとって、中国の現実を軽視した米国の理想論は混乱を大きくすると考えた。むしろ経済面ではアジアにおける同盟国日本の急激な成長に注目し、日英経済交流の必要性を痛感していた。

その理由は、まず幕末以来英国にとって魅力ある貿易・投資市場であった日本市場を失いたくなかったことである。一九〇一年（明治三四）から一九三〇年（昭和五）までの三〇年間で、日英貿易のピークは一九二〇年（大正九）

であった。英国、香港、英領インド、南アフリカとの貿易額は日本の輸入超過であったが、日本の輸出貿易における英国及び英帝国地域のシェアは約二〇％であった[14]。それが第一次世界大戦中の日本経済の拡大に伴い、英国製品と競合する米国製品が急速に日本市場に流入してきた。従来通り日本が英国製品を購入するか否かは、英国の戦後復興を軌道に乗せるための大きな要因の一つになっていた。また巨額の対日債権から生じる利子収入も看過出来ず、日本金融界との交流を深めたいと考えていた。

つぎに綿製品を中心とする日本製品が中国をはじめ東南アジア、インドに進出し始め、英国製品と競合するようになったことである。加えて日本の海運業が東アジア航路において英国海運のシェアを低下させた。中国沿岸貿易においては英国のシェアは約五五％を占め相変わらず高かったが、外洋航路では日本の伸びが著しく、英国を脅かした[15]。

日英同盟の先行きが不透明になる中で、英国は日本との経済交流の拡大を強く望んでいた。一九二一年（大正一〇）四月駐日英国大使チャールズ・エリオット（Charles Eliot）は渋沢に、疎遠になっている日英経済関係への緊密化を要請した。英国商務官エドワード・クロー（Edward Craw）も外交官よりも実業家の意見交換が実質的であるとして、日本実業団の英国への招待を申し出た。同年七月に原敬首相官邸で話し合いがおこなわれ、渋沢のほかに井上準之助、和田豊治、藤山雷太、団琢磨の五人が発起人となって渡英、渡米実業団を編成することになった。最終的には英米訪問実業団に一本化され、団長には団琢磨が選ばれ、日本経済連盟会が中心となり人選をおこなった。同時期に米国で開催されたワシントン会議には渋沢栄一がオブザーバーとして参加することになった。

大規模な日本実業団の初の英国訪問に関して注目すべき点は二つあった。第一は、中国をめぐって日英経済界が実務的協定を結ぶことができるかであった。英国は中国の門戸開放に関して、「何国も希望する所なるが、併しその実行は各国の協力によって初めて行われる。日本は英国と協力して全世界の門戸開放を維持する[16]」として日本との協力を申し出た。日本側は英国の申し出を理解しながらも、特別の価値があるとは見えなかった山東省や満州が、日本が進出したために重大視されるのは理解に苦しむなどと苦言を呈した[17]。渋沢が最も期待した日英共同での中国の経済開発に関しては具体的な共同案は決まらなかったが、中国における治外法権の撤廃と中国幣制改革について率直な議論することができ、日米中三国間の枠組みに英仏二国を組み込むことになり、日英同盟に代わりに成立した日米英仏四国協商の経済的な基盤が出来上がったのである。

英米での日本の商業道徳に対する批判は、海外に進出する日本企業の数が増えるにつれ、一九二〇年代前半を過ぎてから急速に少なくなったが、日本商品に対する不正や詐欺に対する告発が止むことはなかった。ごく少数の悪行だけをもって批判を一般化させるのは不当ではないか、と日本は訴え続けたが、この問題は渋沢はじめ財界人や教育界にとって大きな懸念材料であった。他方で、一九二二年（大正一一）に渡英した渋沢の孫の敬三からの私信で、英国人は功利主義一辺倒で、論語と算盤は通用しないという報告を受け[18]、英国の商業道徳について再考せざるを得なくなった。

ワシントン会議終了後、渋沢にとって英国の存在は、中国における日英経済協力が中心となる[19]。英国が中国のナショナリズムに適切な対応をしたため、一九二〇年代後半には日本が中国ナショナリズムの矢面に立たされた。英国は国際連盟やその付属機関である国際非政府機関を活用した。例えば太平洋問題調査会（Institute of Pacific Relations, IPR）第二回ハワイ会議に、ＩＰＲ英国が参加し中国に対する国際世論を誘導した。ＩＰＲ日本の評議委員会の会長も務めた渋沢は、英国王立国際問題研究所（チャタム・ハウス）のこの動きを注目した。ハワイ会議が開催された一九二七年（昭和二）七月時点では、中国国民政府の反英感情は、「中国の国際的地位が低く、困窮しているのはすべて英国の責任」とされていた[20]。しかし、英国ＩＰＲ代表のフレデリック・ホワイト（Frederick White）は中国に同情的で、英国は中国が独立を維持し、秩序ある中国に生まれ変わることを支持すると発言し、中国側の賛同を得た。この見解は英国の中国政策にも反映された[21]。このため中国国内で高揚するナショナリズムの矛先が、英国から満州問題や対華二一カ条要求にこだわる日本に移った。英国が国際非政府機関での議論を外交政策に取り入れるような渋沢が期待した柔軟性は日本外務省にはなかった[22]。

中国ナショナリズムの急進化に伴い、渋沢が進める日中実業協力も足踏み状態になる。渋沢の貿易、通商を通じた相互利益の追求や経済基盤の確立へ向けての提案も、中国側からは日本の利権追求と見られ、排日運動から中国に滞在する日本人ビジネスマンやその家族を保護するために、渋沢も軍事力の行使をある程度容認せざるを得ない状況に陥った。

一九二九年一〇月に発生した世界大不況は、日本も英国も巻き込む。高橋是清の積極財政と金本位制からの離脱により、日本はいち早く恐慌から脱し、英国や英帝国地域への輸出を伸ばし、英国経済に深刻な打撃を与えた。一九三一年九月に英国の繁栄を長年支えてきた金本位制度は終止符を打ち、翌年にはオタワで英連邦諸国経済会議が開催され、ポンド圏域外からの輸入製品には高関税が課されることになった。この関税引き上げ政策は世界に広まり、第二次世界大戦を引き起こす要因の一つとなった。

こうしてみると渋沢にとって、英国の持つ意味は内外情勢の推移や日本の国際的地位の上昇に伴い、変化がみられた。理不尽で横暴な海洋帝国から、世界一の先進国で日本が模範すべき海洋国家、最も商業道徳の高い尊敬すべき同盟国、中国への経済進出の資本合同のパートナーへとそれぞれが重なり合いながら変化した。第一次世界大戦中からは米国にその地位を脅かされる旧大国、安定した金融力や商業道徳を持つ国、日本企業の進出に対抗する競争相手、老練で柔軟性のある外交ができる国という評価に変化していったと考えてよいであろう。経済力を重視した渋沢は、英国の自由貿易主義者・政治家リチャード・コブデン（Richard Cobden）のように「通商拡大も、英国文明の拡大も帝国の制度によって強制する必要がなく、力の行使は何も生まない」[23]。という状況を理想としていたのかもしれない。しかし現実には、英国は高い商業道徳を持ちながらも、時として横暴でしたたかな行動をとるため、渋沢の英国認識は揺れ動き、それは渋沢の米国や中国との関係にも大きな影響を与えたといえよう。

注

(1) 本章では、大英帝国を英国と記し、英国植民地は、カナダ、香港、シンガポール、インド、南アフリカなどと現地名を表記する。
(2) 例えば、木村昌人『渋沢栄一――民間経済外交の創始者』(中央公論社、一九九一年)を参照。
(3) 片桐庸夫『民間交流のパイオニア――渋沢栄一の国民外交』(藤原書店、二〇一三年)二五～二八頁。
(4) 同前、片桐『民間交流のパイオニア』三七七～三八八頁。
(5) 星野長太郎(新井の兄)と新井領一郎については、阪田安雄『明治日米貿易事始、直輸の志士・新井領一郎とその時代』(東京堂出版、一九九六年)が詳しい。
(6) 統計数字は、日本銀行統計局『本邦主要経済統計』(一九六六年)、『昭和国勢総覧』上巻(東洋経済新報社、一九六〇年)、「Commercial Report, Summary of Foreign Trade in Japan for the Year 1878」を参照。杉山伸也『日英経済関係史 一八六〇―一九四〇』(慶應義塾大学出版会、二〇一七年)、および横井克彦編『日英関係史』(日本経済評論社、二〇〇六年)を参照。
(7) 前掲、杉山『日英経済関係史 一八六〇―一九四〇』五二頁。
(8) 同前、杉山『日英経済関係史 一八六〇―一九四〇』四五～四六頁、および小風秀雅『帝国主義下の日本海運――国際競争と対外自立』(山川出版社、一九九五年)を参照。
(9) 英国の日本の商業道徳の低さに対する批判については、ジャネット・ハンター「公正な手段で富を得る」(橘川武郎/パトリック・フリデンソン編『グローバル資本主義の中の渋沢栄一』東洋経済新報社、二〇一四年)に詳しく分析されている。
(10) 米国の第一次世界大戦への参戦と英米の銑鉄輸出禁止が日本の造船業に与えた影響については、木村昌人『財界ネットワークと日米外交』(山川出版社、一九九七年六九～七二頁)を参照。
(11) 日米銑鉄交渉に関しては、日米船鉄交換同盟会編『日米船鉄交換同盟史』(日米船鉄交換同盟会、一九一九年)二二五頁。
(12) 田彤編/于臣訳『渋沢栄一と中国――一九一四年の中国訪問』(不二出版、二〇一六年、解題)を参照。

(13) ジョン・カーティス・ペリー／北太平洋国際関係史研究会訳『西へ！――アメリカ人の太平洋開拓史』（ＰＨＰ研究所、一九九八年）参照。
(14) 前掲、杉山『日英経済関係史　一八六〇―一九四〇』五四～五五頁。
(15) 同前、杉山『日英経済関係史　一八六〇―一九四〇』六六～六七頁。
(16) 阪井徳太郎編『英米訪問実業団誌』（十一年会、一九二六年）五四二頁。
(17) 同前、阪井『英米訪問実業団誌』五三五頁。
(18) 渋沢敬三伝記編纂刊行会、渋沢敬三「ロンドン通信抄」（渋沢敬三伝記編纂刊行会『渋沢敬三』上巻、渋沢敬三伝記編集刊行会、一九七九年）一〇四～一〇五頁。
(19) 『伝記資料』三三巻、五一四頁。
(20) 前掲、片桐『民間交流のパイオニア――渋沢栄一の国民外交』、三三〇頁。
(21) 井上準之助編『太平洋問題』（日本評論社、一九二七年）八四～八五頁。
(22) 前掲、片桐『民間交流のパイオニア――渋沢栄一の国民外交』三五八～三五九頁。
(23) ニーアル・ファーガソン／山本文史訳『大英帝国への歴史――膨張への軌跡』上巻（中央公論新社、二〇一八年）二一頁。

＊本章は、二〇一八年一一月に、関西大学大学院東アジア文化研究科に提出した博士論文「渋沢栄一再考――『民主化』の追求と限界」の一部を加筆修正したものである。

第三章　渋沢栄一と米国のフィランソロピー

一　カーネギー、ロックフェラーへの評価

中嶋　啓雄

（1）渋沢と米国

渋沢栄一の公益慈善事業、すなわち「フィランソロピー」は米国のフィランソロピーからも多大な影響を受けている。事実、渋沢が最も頻繁に訪れた外国は米国であり、生涯を通じて、彼の米国訪問は四度に及んだ。渋沢は元来、頑固な攘夷派であったが、明治維新前夜、パリ万国博覧会使節団に随行することになり、一年余りに亘る欧州での体験を通じて、二〇代半ばで西洋文明に接する機会を持った。一〇年余り後の一八七九年（明治一二）には南北戦争の英雄ユリシーズ・グラント（Ulysses Grant）前大統領が、世界周遊（一八七七（明治一〇）～七九年）の一環として訪日した際、上野恩賜公園において歓迎会を催し、飛鳥山の自宅にも招いている。日米両国間に「行違いの起らぬようにしたいと予て思って居たので、グラント将軍の如き米国の有名な人には、国民として親しくして置いた方が日本の将来のためにもよい」と考えたからであった。それは彼の述懐によれば、「日米両国の国民的外交の端緒となった[1]」。

岩倉使節団が国書を提出したグラント前大統領の周遊は、私人としてものであったが、南北戦争後、目覚ましい

経済発展を続ける米国のプレゼンスを欧州諸国に示す意味合いもあった。当初、アジア諸国への訪問は計画されていなかったが、中国（清）を経由して最後の訪問国として日本を訪れた。ちょうど琉球処分の直後であり、日本の台湾出兵を屈辱的に感じていた清国の意をくんだグラントは、日本政府にその再考を促した(2)。しかしながら、攘夷派から転じていた渋沢は、そのグラントの訪日を前向きに捉えるようになっていたのである。半世紀後の一九三〇年（昭和五）には、互いに協力して歓迎会を計画した益田孝と共に、渋沢は上野公園のグラント将軍夫妻が植樹した樹木の脇に銘板を設置している。そしてそのことを、彼が崇敬して止まなかった米国の鉄鋼王でカーネギー財団（一九一一年（明治四四）設立）の創設者アンドルー・カーネギー（Andrew Carnegie）（一八三五～一九一九）が一九一〇年（明治四三）に創設したカーネギー国際平和基金の事務局長ジョージ・フィンチ（George Finchi）に、次のように書き送っている。「貴方は、私たちの二国の間のより良い理解の促進を長年に亘り助力してきたので、このような種類の報に関心がおありかもしれないと思います(3)」。因みにカーネギー国際平和基金は渋沢と連携して、一九一一年より後述の「日米交換教授」事業を実施していた。

(2) 初めての訪米

日英同盟が締結された一九〇二年（明治三五）、六二歳になった渋沢は、英国を追い抜き世界一の工業国、さらには日本の最大の輸出相手となった米国を、兼子夫人と数名の財界人を伴い、五月下旬から七月初旬にかけて、初めて訪れた。かのスタンダード・オイル会社の創業者で、およそ一〇年後にはロックフェラー財団を創設するジョン・D・ロックフェラー（John D. Rockefeller）（一八三九～一九三七）にも面会し、ピッツバーグ（ペンシルヴァニア州）近郊のホームステッドにあるカーネギー製鋼会社の主力工場を見学した。渋沢は「工場の巨大なる、（中略）壮大にして軽妙なる実に驚くに堪えたり《ママ》」（六月一一日）と自身の日記に書き込み、帰国後、「兎に角想像にも及ばざる大仕掛けの工場」だったと振り返っている。二日後には孤児のための寄宿学校ジラード・カレッジを訪問した。同校は一九世紀前半、国家財政にも寄与した大資本家スティーヴン・ジラード（Stephen Girard）（一七五〇〜一八三一）の遺産によって、フィラデルフィア市が設立したものであり、「堂宇の壮大、美麗なる寄宿舎、又会食堂其他百事設備至れり尽せりと云ふべし」と日記に書かれている（『伝記資料』二五巻、一四五、一七七、一七九頁）。生涯、東京養育院の院長を務めた渋沢が、一九〇九年（明治四二）、自らが団長として率いた渡米実業団の訪米に際して、さらには一九二一年（大正一〇）から翌二二年（大正一一）にかけて、ワシントン会議にオブザーバーとして出席する名目で、英米実業団に同行した際にも同校を訪問していることは、ジラード・カレッジが彼に与えた感銘を物語っていよう。

渋沢は自らが信奉した儒教は、「カーネギー氏の心事に相添う」と考えていた。また、そうした見地からカーネギーのことを「聖賢の域に達した」「真に世界的な偉人」だと激賞し、それ故に「彼の有名なカーネギー（中略）に会見の機会を得なかったのは甚だ遺憾」だと感じていた。カーネギーと並んで、この時代の篤志家の双璧とも言うべきロックフェラーについても、「個人としては兎角の評あるロックフェラー氏の如き、（彼が創設した――引用者注）シカゴ大学だけに二〇〇〇万弗寄附して居る」と称揚し、「又カーネギー氏に依って営まれたるカーネギーホールの如きは、全米国を通じて約三百の多きに達して居る」と米国のフィランソロピー全般を高く評価している。(4)

いずれにせよ総じて初めての訪米の結果、渋沢は活気溢れる米国の底力を高く評価するに至った。「百聞は一見に若かず」、「只驚き入った」と彼は述べる。「アメリカは種々なる人種が相まって一国を為して居る」。つまり、「所謂亜米利加『ナイズ』して、一国の人民相和して事業を進め」ている。そして、「英国若しくは欧羅巴の大陸を圧倒するの力を充分備えて居る」というのである。初めての訪米を振り返って、英語を解さなかったにもかかわらず、「決して我より亜米利加人・英吉利人を嫌うことなく、彼も亦日本人を好まないことはなかろうと思う」との感想を漏らした（『伝記資料』二五巻、四三一〜四三三頁）。渋沢は日露戦争後、日本の大陸進出が本格化してからも、そのような「米国と提携して、国際紛争を避くる」ことが肝要だと説いたが、人好きのする彼らしい主張だと言えよう。[5]

他方、渋沢が米国において各都市を訪問する際には、「日本のモルガン」などとしばしば地元の新聞紙上で紹介され、また、彼の慈善活動も米国で知られるようになっていた。東京市長を務めていた後藤新平の招聘で、一九二二年から翌二三年（大正一二）にかけて、日本に滞在した米国政治・米国史の重鎮チャールズ・A・ビアード（Charles A. Beard）は、渋沢の慈善活動とその海外での評判について、次のように述べている。

市の理事者のなかで最も著名でかつ興味深い人物の一人は、渋沢子爵である。（中略）一九一六年（大正五）に財界を退くや、彼は、その全力を、社会事業および国際親善の推進に傾注した。彼は、いく度か外国を訪問して、日本に好意をもつすべての外国人の間で有名である。[6]

二　渡米実業団とその影響

（1）団長として

二度目の訪米は渡米実業団団長としてのもので、一九〇九年九月から一一月まで三ヶ月間の比較的長期に亘った。渡米実業団には六九歳の渋沢を筆頭に東京、大阪、京都、横浜、神戸、名古屋の六大商業会議所の会員やその夫人、随行員、さらには一部大学教授を含めて、二〇代前半から七〇代後半まで老若男女総勢五一名が参加していた。その内、英語を操ることができたのは数名であったが、後述の高木八尺《やさか》の実父で米国留学後、日本における英語学の祖になった神田乃武《ないぶ》や、イェール大学の卒業生で国立西洋美術館が所蔵する松方コレクションで知られる神戸商業会議所会頭（川崎造船所（現・川崎重工業）社長）の松方幸次郎、また、尾崎紅葉らと硯友社を組織した童話作家巌谷小波《さざなみ》（本名・季雄）のような人物も参加した。正式の団員ではないが、『やまと新聞』主幹・正岡猶一も唯一の新聞記者として随行していた。(7) 帰国後正岡は、「世界各国の中、特に日本人が研究すべき国ありとせば、支那を除きては米国あるのみ」と記し、驚異的な経済成長、民主的な政治制度の発達、人種・民族の混交といった米国発展の人類史上の特異性を指摘して、日本で初めての米国研究の書ともいうべき『米国及米国人』（一九一三年（大正二））を著した。実業団は滞米中、ミネアポリスでウィリアム・ハワード・タフト（William Howard Taft）大統領に謁見し、クリーヴランドでは当地の商業会議所主催の晩餐会でロックフェラーに遭遇して、渋沢は彼の隣に座った。様々な意味で、帰国後のその社会的・文化的影響は大きかった。

渋沢は初めての訪米の後、米国財界との交流の機会を模索していた。そして日露戦争後、北東アジアにおける日本の台頭に対して米国国内で警戒感が強まり、さらに低賃金で働き、文化的にも異質とみなされた日本人移民を排斥する動きがカリフォルニア州を中心に強まるなかで、その日米財界交流の構想を具体化させたのである。(8) 彼は一九二八年（昭和三）、「排日移民法」（一九二四年（大正一三））通過後、駐米大使を務めた松平恒雄を後述の日米関係委員会に招いて茶話会を催した際、次のように回想している。(9)

> 一体外交と言う事は（中略）衝に当るお人だけにお願いすべきでない。国民全体が出来る限り、外交――と申しては穏当でありませんが、外国の事情に通じ、当局の御経営に資せねばなりません。（中略）此国民外交熱を強めたのは明治四十年四十一年頃で、其為め、太平洋沿岸各地商業会議所の人々を招待致しました。

そして、渡米実業団はシアトル、サンフランシスコといった太平洋沿岸諸都市の商業会議所関係者が、ここで触れられているように前年、渋沢の招きで来日した際、彼らから提案されて実現したものであった。

（2）記録係としての巌谷小波と正岡猶一

ところで、前述の巌谷が渡米したのは、渡米実業団が新聞記者の同行を謝絶していた――結果的に正岡が随行し、また別の肩書きで、大阪朝日や大阪毎日の記者が同行したが――ので、「一人文筆に携わる人の同行を要する」からであった。また、米国側からは「米国の新教育の有様をも、見て貰いたい」とのことで、「単に実業家ばかりで無く、同時に教育家という者をも伴って来て貰いたい」との要望もあった。巌谷自身、「単に政府の外交のみならず、国民の外交ということの、又大切なることを認め」た。そして「今度の自分の同行は、まず当年の久米博士の役廻りである」として、米国にはおよそ八ヶ月間、滞在した岩倉使節団に随行して、『特命全権大使　米欧回覧実記』（一八七八年（明治一一））を編纂した久米邦武に自らをなぞらえていた[10]。事実、公式記録『渡米実業団誌』は彼が中心となって編纂されることになる。

横浜を出港して、シアトルに上陸するまで二週間弱の航海中は、食事や各種余興を楽しむと同時に、レディー・ファーストを初めとする西洋の社交マナーを学んだり、団の記録係となった巌谷のお伽話に聞き入る機会もあった（『伝記資料』三二巻、六四〜八一頁）。米国の地を踏んでからは、鉄道で大陸を横断し、ニューヨークやワシントンといった東海岸の諸都市を回った後、往路よりやや南寄りの経路で日本人移民問題が生じていたカリフォルニア州の南部に到達し、その後、北上してサンフランシスコから帰路に就いた。「実業団」の渡米ではあるが、女子大学を含むいくつもの大学を見て回っているのも特徴的で、巌谷は帰国後、著した『新洋行土産』の中の「富豪の寄進」という一節において、以下のとおり記している[11]。

米国は拝金の国だと言うが、其国の富豪なる者が、其大切な金銭を、公共事業に投ずるのに、少しも吝《おし》まぬ風のあるのは、実に関心すべきことだ。

各地に図書館や公会堂を寄付して居る、彼のカァネギーを初めとして、何所の大学へ行っても（中略）ロックフェラーの寄進だのと言う、立派な寄宿舎や青年会館を見るのは、実に床《ゆか》しい限りである。

前述の正岡も『米国及米国人』において、次のように述べている。(12)

富豪は（中略）死に臨みて其財産の半ばを社会に寄付するは珍らしき事にあらず、カーネギーの如く生前其財産の全部を公共事業に投ぜんとの誓言をすらなすものあるに至れり、（中略）ロックフエラーは其富の全額を三分し、一を教育資金に、一をロックフエラー基金に、残余の一部を自己及び家族に対する費用に充つ。

加えて巌谷、神田夫妻や同行した女性たちは、婦人参政権運動や平和運動でも知られ、一九三一年（昭和六）にはノーベル平和賞を受賞するジェーン・アダムズ（Jane Addams）の社会奉仕活動の場、いわゆるセツルメントとして有名なシカゴの貧民街のハル・ハウス（一八八九年（明治二二）設立）も見学していた。

（3）岩本栄之助の「フィランソロピー」

渡米実業団には、軍備制限等についても積極的に言論活動をおこなっていた大阪商業会議所の新任議員に翌年、選出される弱冠三一歳の北浜の株仲買人、岩本栄之助も参加していた。岩本は「富豪が公共事業財産を投じて公衆の便益を謀り又は慈善事業に能く遺産を分譲せる実況を目撃して大いに感動し」（『寄付事件記録』）、帰国後の一九一一年、市の歳入の約五分の一に相当する一〇〇万円を大阪市に寄付した。その際、岩本は渋沢に相談を持ちかけ、渋沢が大阪の政財界人を集めて議論した結果、大阪市中央公会堂、通称・中之島公会堂が建設されることになった。日露戦争後、株価が高騰するなかで、仲間を救うために株を売り「義侠の相場師」と呼ばれた岩本は、その後負債に苦しみ、一九一六年、ピストル自殺するが、二年後の一九一八年（大正七）、中之島公会堂は落成し、今日まで市民に親しまれることになる。[13]

渋沢は自ら率いた渡米実業団の三ヶ月間を振り返った文章の中で、次のとおり述べている。[14]

> 彼等（米国人――引用者注）は（中略）公共心の極度に発達して居ることなどは、他の文明諸国に比類なき所であろうと思う。彼等が（中略）死に際し自己の財産を挙げて公共事業、慈善事業等に寄付することは敢て珍しくない。現に我々が訪問したコルネル《ママ》大学、ウイスコンシン大学、或はシカゴ大学、エール大学、ハアバー《ママ》ト大学、乃至フィラデルフィア大学（現・ペンシルヴァニア大学――引用者注）の如き、（中略）堂々たる学府であるが、此等は皆個人の寄附金から成立した私設学校である。

仏国人アレクシス・ド・トクヴィル（Alexis de Tocqueville）は米国論の古典『アメリカにおけるデモクラシー』（一八三五年、一八四〇年）において、米国人が多様な結社を形成して、中央政府に代わり公共の問題に関わっていることを指摘していた。[15] 右の引用は、同書を彷彿とさせる米国社会に対する渋沢の鋭い洞察を窺わせる記述だと言えよう。

三　パナマ万博出席と最後の渡米

（1）ギューリックの要請に応えて

渋沢は一九一五年（大正四）、前年のパナマ運河開通を記念するパナマ太平洋万国博覧会がサンフランシスコで開催された際、現地の財界から招待されて、三度目の訪米を果たした。第一次世界大戦後の米国の台頭を見越してのことであった。渋沢は竜門社の送別会において、次のように述べている。「亜米利加は御承知の通り、今日は欧州の戦乱中にも拘らず、寧ろ其為に国運隆々たる有様である」（『伝記資料』三三巻、一一〜一六頁）。また常に彼の頭を離れなかったのは、カリフォルニアの日本人移民問題であった。事実、米国で日本人移民排斥に反対する活動を展開していたシドニー・ギューリック（Sidney Gulick）から訪米を要請されたことも、渋沢が再び海を渡ることを決断した理由の一つであった[16]。渋沢は帰一協会設立の過程で彼と出会い、その博識に感銘を受けていた[17]。ギューリックは一八八〇年代後半から九〇年代前半にかけて、宣教師として派遣されて熊本洋学校の講師を務め、その後、九〇年代後半から一九〇〇年代前半にかけては松山女学校の教壇に立ち、さらに一九〇〇年代後半からは同志社神学校・同志社大学教授に就任する。そして一九一三年に帰国すると同年、カリフォルニア州で成立した外国人土地法に象徴される日本人移民排斥に反対する活動を始めたのであった[18]。

渋沢は一九一六年、喜寿を迎えたのを期に実業界から退いたが、前年、サンフランシスコ商業会議所内に米日関係委員会が創設されたのに呼応して、同年中に日米親善を目的とする先の日米関係委員会を組織した。約三〇名からなる同委員会には、後に蔵相として金解禁を断行した井上準之助や当時の国際派知識人の代表的存在であった新渡戸稲造ら錚々たる面々が名を連ねた。さらに一九二一年から翌年にかけて、自らが中心となって組織した英米訪問実業団と同時期に、ワシントン会議にオブザーバーとして出席する名目で渋沢は米国を訪れた[19]。英米訪問実業団は三四名から成っていたが、一〇年余り前の渡米実業団に比べると小規模で、米国滞在期間も一ヶ月半と英米訪問実業団の半分、日本人移民が問題となっていたカリフォルニア州も訪問しなかったけれども、渋沢にとっては生涯、最後の渡米であった。

渋沢自身はアジア・太平洋地域の現状維持についての四カ国条約、中国のいわゆる「門戸開放」を規定した九カ国条約、そして海軍軍縮（五カ国）条約が調印されたワシントン会議において、日本人移民問題についても、何らかの対策が講じられることを望んでいたが、結局そうはならなかった。アジア・太平洋地域における「ワシントン体制」が形成される同会議を前にして、渋沢は当時の代表的知米派で日米協会初代会長の金子堅太郎などと共に、移民問題の解決を懇意の原敬首相に訴えたが、原敬内閣はそれを議題として積極的に取り上げようとはしなかった。渋沢は「華府（ワシントン――引用者注）会議に何等関係のない身でしたけれども、願わくはそう言う（カリフォルニア州の日本人移民排斥問題が議論されない――引用者注）ことに立ち至らせたくないと思うた為に、特に華盛頓《ワシントン》に罷出《まかりい》でまして、頻に加州問題の議案になるように（中略）勧めましたが、到頭其望を達せず」、結局、米国南部を訪問した後、米国西海岸を二週間程見て回って、帰国の途に就いたのであった[20]（『伝記資料』五一巻、四二一〜四八頁）。

（2）『カーネギー自叙伝』とルイーズ夫人

ところでこの訪米では、二年余り前に亡くなったカーネギーの自叙伝の訳書がまもなく日本で刊行される旨、伝えるため、五〇歳を超えて初めて結婚したカーネギーの未亡人ルイーズ（Louise）にも面会した。渋沢は帰国後、次のように回想している[21]。

彼の人の事業に対しての経営振は悉く経済学の本則に叶った筋道を行った人と思う、カ氏の富は何十億と言うのであったろうが、それは決して子孫の為に蓄えへられたのでなく、必要に応じては心良く之を散じ、そして其散じ方も誠に公明正大、偏せず謬らず誠に宜敷を得て居るように思う。

また、ルイーズ夫人自身の態度も渋沢に強い印象を与えた。彼は伊藤博文首相らと共に東京女学館を創設（一八八八年（明治二一））し、日本女子大学校の創設（一九〇一年（明治三四））・運営を支援する等、日本の女子教育への貢献も大きかったが、日本女子大の卒業式の祝辞でも、前年、面会したルイーズ夫人に言及している。

昨年米国旅行中私は二・三の御婦人にあいましたが、いずれも皆立派な婦人でありました。（中略）一人はカーネギーの奥さんでありました。此の方の事に就ては、カーネギーの自叙伝を読んで感心したのでありますが、目のあたりに見ると、又成程立派な方であると思いました。

四年後の卒業式でも「カーネギーの奥さんなどにも親しくいたしましたが、その御様子を見ると、人格と申し、才能と申し、（中略）まことに至れり尽せりと申してよい」とルイーズ夫人を称揚した。(22)

自叙伝の序文では、渋沢は「四海兄弟の平和状態を永劫に維持せむ為め『カーネギー』平和財団（カーネギー国際平和基金――引用者注）を組織して『ヘーグ《ママ》』に平和殿（宮――引用者注）を創建」した彼を褒め称えた上で、「夙に『カーネギー』氏の盛名を聞きて欽慕措く能はす、常に臂を把って一堂に相語らむことを期せしも遂に其機会を得ざりき」と記している。自叙伝の訳者である秘書小畑久五郎によれば、有名な著書『富の福音』（一八八九年）の訳書にも序文を書いていた渋沢は、「（カーネギー――引用者注）氏の到富の心事と方法とに共鳴」し、「今又此自叙伝を得て益々氏の人格を推重し、（中略）終に氏の未亡人の許諾を得て之を翻訳刊行するに至った」のであった[23]（『伝記資料』四八巻、三四～三六頁）。

四　晩年の渋沢による対米「フィランソロピー」

(1)「ヘボン講座」開設の仲介

コロンビア大学総長ニコラス・M・バトラー（Nicholas M. Butler）が役員を務めるカーネギー国際平和基金の財政的支援を得て、日本財界は渋沢の音頭で一九一一年、同総長らが計画した「日米交換教授」事業に協力し、第一回交換教授として新渡戸を米国に派遣した。一九世紀末以降、世界的な強国として台頭した米国と日露戦争に勝利した日本との戦争が両国の一部で囁かれ、カリフォルニア州で日本人移民排斥運動が広がってきた中での日米知的交流の試みであった。新渡戸は第一高等学校（現・東京大学教養学部）校長時代の教え子、鶴見祐輔を伴って、九ヶ月に亘り全米各地で百数十回の講演をこなした。コロンビア大学での講演を聴いて、一九一九年（大正八）、同様に交換教授として訪日する同大学教授の哲学者ジョン・デューイ（John Dewey）は感銘を受け、新渡戸の母校ジョンズ・ホプキンズ大学での講演の聴衆の中には、『アメリカにおけるデモクラシー』と並ぶ米国論の古典『アメリカン・コモンウェルス』（一八八八年）の著者で当時、駐米英国大使を務めていたジェイムズ・ブライス（James Bryce）の姿もあった。こうして渋沢の世界平和に対する熱意は、米国でも次第に知られるようになっていった[24]（『伝記資料』（四〇巻、三二五～三四一頁。「日米交換教授」の項）。

そうしたなかで、米国が第一次世界大戦に参戦して間もない一九一七年（大正六）六月、チェイス・ナショナル銀行頭取A・バートン・ヘボン（A. Burton Hepburn）は渋沢に書簡を送った。渋沢はヘボンとは「余り深い関係はないが、先年渡米した際歓迎会の席上で面会せるを始めとし、其後数回面会した」ことがあった。彼は第一次大戦の惨禍や「日米の葛藤は避くべからず」と見なす「慷慨家（Chauvinist）」の存在を慨嘆して、日米両国は「必ずや互に友邦たるべく、決して敵国には非ざるべし」と強調した。また、日本人移民問題については「若し米国が日本人に対し、アリアン（アーリア――引用者注）人種に対すると同様、米国市民権を付与する事とせは問題は悉く解決する（中略）日本人は種々の方面より考察するも、（中略）此特権を享受すべき資格ある」と述べている。そして、「今日世界の趨勢を鑑みるに、平和を主張する声大なる折柄なれば、遠からず日本人にも市民権を付与せらるゝ」と主張し、連邦議会が移民を制限する方向に進んでいることに懸念を示しながらも、「吾等は国際親善の為に今少しく尽力し、全世界の平和と人類の親和の為に今少しく熱心に力を致す必要ある」と結論づけていた。

このような考えに基づき、ヘボンは「国際法並に国際親善」の米国教授職設置のため東京帝国大学に寄付をおこないたい旨、記した。ヘボンの申し出の背後に、単なる日米親善ではなく、それを移民問題の解決に繋げる意図が垣間見えるのは、日米関係における移民問題の重要性を物語っていよう。なお、書簡の最後には、次のように記されていた。[25]

小生と同姓にて小生の遠縁に当り多年宣教師として貴国に在住致したるもの有之《これあり》、先般会見の際その談によれば日本国民は善良にして偉大なる国民との由に有之。

渋沢自身は「氏の手紙にはヘボンといふ同姓の人が嘗て日本に滞在してヘボンの辞書を著し日本の事情に通暁していたという事も書き添えてあったが、果たしてその親戚であるかどうか明白ではない」と述べているが（『伝記資料』四五巻、四五一～四五二頁）、その遠縁とは事実、ヘボン式ローマ字で知られる宣教師・医師J・チャールズ・ヘボン（J. Charles Hepburn）その人であった。[26]

ヘボンの申し出を受けて、渋沢は早速、山川健次郎総長と会談をおこなった。山川は東京帝国大学法科大学（一九一九年には法学部に改組）には国際法の講座が二つ、外交史のそれが一つあることから、国際関係の講座ではなく、「広義の意味に於ける米国史」、すなわち「米国憲法・歴史及び外交」の講座に変更することが適当であるとし、また、いくつかの理由から英語で授業をおこなうわけにはいかないので講師は日本人が務めるが、「一青年学者を三ヶ年」、米国に「留学せしむべき」と提案した。渋沢は同年一〇月、その二点への同意をヘボンに求めた。ヘボンは快諾したが、「三年間の留学は長きに過ぐる」と感じ、「準備中は他の人に代理を乞ひ、同一題材の講演を乞ふ事」を希望した。[27]渋沢は基金の管理人の一人にも指名され、正式の講座設置は一九一九年八月を待たなければならなかったが、早くも翌一九一八年二月、「米国憲法・歴史及び外交」講座（通称「ヘボン講座」）。戦後のアメリカ政治外交史講座）が開講した。初年度は憲法を美濃部達吉、歴史を新渡戸、外交を吉野作造と大正デモクラシーを代表する知識人が講義をおこなった。初回には渋沢も演壇に立ち、新渡戸も「後のお茶の席上、S（渋沢）男爵は私の企図につききわめて好意的に語ってくれ」たと日記に書いている。一方、同年一一月には神田乃武の次男で、東京帝大法科大学卒業後、大学院を経て大蔵省に勤務していた前述の高木が初代担当者に任命されて、翌一九一九年三月、米国留学に向けて日本を発ち、欧州を数ヶ月回った後の一九二三年八月、帰国した。そして、彼による講義が一九二四年初めから始まった。[28]

（2）太平洋問題調査会への支援

だが、皮肉なことにその数ヶ月後、ヘボンが懸念した日本人の移住を禁ずる新移民法、いわゆる「排日移民法」が制定された。それが長期的に日米関係に与える影響を米国側でとりわけ懸念したのは、前述のギューリックやハワイにおけるＹＭＣＡの中心人物の一人であるフランク・アサートン（Frank Atherton）といった宣教師の系譜に連なる人々であった。そうしたなかでアサートンは、本書コラム３「渋沢栄一と汎太平洋同盟」で紹介したＰＰＵのような一九一〇年代にハワイで起こった「環太平洋」運動を継承し、「太平洋共同体」理念の下、アジア・太平洋地域の関係各国から参加者を集めて国際会議を開催することを企図した。それはホノルル会議（一九二五年（大正一四））を初回として、日中戦争が勃発し、日本が不参加となるまでは二年おき、それ以降も第二次世界大戦期を含めて、間隔が長くとも数年おきには国際会議を開催する太平洋問題調査会（Institute of Pacific Relations, IPR）に結実する。ＩＰＲは関係各国に支部《カウンシル》が設置されたが、日本支部の人選、それへの資金提供、さらに政府とのパイプ役を務めたのが渋沢であった。

渋沢は会議自体に出席することはなかったが、ホノルル会議を前にして、ＩＰＲの意思決定機関であった太平洋支部の議長を後に務めるジェローム・グリーン（Gerome Green）を自宅に招いて、「腹蔵《ママ》なき意見交換の機会」を持ったり、第三回会議（於・京都、一九二九年（昭和四））出席のため来日したパリ不戦条約の起草者ジェイムズ・ショットウェル（James Shotwell）（コロンビア大学教授）と、日本支部理事長・新渡戸を交えて歓談したりもした（『伝記資料』三四巻、四七一〜四七三頁。三九巻、六一六〜六一八頁）。

（３）日米人形交換事業

最後によく知られる日米人形交換事業（『伝記資料』三八巻、三章三節二款）について述べたい。[29] この事業は「排日移民法」を改正する見込みが立たないなかで、「万国児童親交委員会」を組織したギューリックが、米国の各公立学校が人形を購入し、児童がそれに洋服を着せて、一九二七年（昭和二）の雛祭りに合わせて日本に送る「友情人形」を計画し、外務省を通じて、渋沢に助力を仰いだのがきっかけであった。そして、その答礼として、同様に日本国際児童親善会を組織しその会長に就任した渋沢が、日本人形をクリスマスまでに米国に送ることを計画したのである。

米国から送られてきた人形については、童謡「青い眼の人形」（野口雨情作詞、本居長世作曲）が一九二三年にレコード化されて人口に膾炙していたことと相まって、二月二五日から三日間、東京や大阪のデパートで開催された展覧会が好評を博し、東京だけでも三〇万人が訪れた。三月三日の雛祭りの日には、明治神宮外苑の日本青年館において、約一五〇〇名の女子幼稚園児・小学生、約一〇〇名のアメリカン・スクール等の在日外国人女子生徒に加えて、二〇〇〇名近い観客も集まって、合計一万二〇〇〇体近くに及ぶ人形の歓迎会が盛大に催された。会には文部大臣・次官や外相・幣原喜重郎も出席した。来賓として挨拶した駐日米国大使が「私は痩せていてサンタクロースには似てもにつかぬが、……」と言うと、続いて最後に壇上に立った渋沢が、「それならば私がサンタークロースのお役をお引き受けいたしまして、日本のお子さん方に、お贈りものをさし上げたいと思います」と述べて、米国側からも大きな拍手が沸いた（『伝記資料』三八巻、五一、五三～五四頁）。その後、人形は朝鮮を含む各地の小学校・幼稚園に配布された[30]。

日本側の答礼としては、全国の女子小学生約三〇〇万人から一人一銭集めて、おおむね一府県一体、また六大都市から一体ずつの日本人形を製作し、それらに友禅縮緬の着物を着せて、クリスマスまでに届くように米国に送られた。各地からの寄附で製作された合計五八体の人形は、移民問題で揺れるカリフォルニア州の各都市を巡回した後、二手に分かれてニューヨークとワシントンに到着した。その後、四五〇を超える全米の諸都市に送られて、各地で歓迎会が催され、ニューヨークでのそれにはロックフェラー夫人も出席した。最終的に四八州すべての博物館、美術館や図書館に寄贈され、中でもその代表は渋沢によって大和日出子と命名され、首都ワシントンのスミソニアン協会の国立自然史博物館に展示されることとなった。

このように日米人形交換事業は、それ自体としてはおおむね成功を収めたが、日本人移民問題の緩和に与えた影響は必ずしも大きくはなかった。事実、移民法の改正を目指す人々の中には、ギューリックの言動を快く思わない者さえいた。教会平和連盟の事務局長は、「このような厳粛な危機の中にあって、日本に送る人形を買うための財源を集めるように、教会や婦人有権者連盟、諸平和協会その他に依頼することは、痛ましい状況を侮蔑することで、それらの諸団体が代弁するすべての目的を矮小化するものだ」とギューリックに宛てた手紙で批判した。米国政府側でも後に駐日大使を務め、政府内外の一部の日本人と緊密な関係を形成する国務次官ウィリアム・キャッスル（William Castle）が、「日本人が反応して、我々が公式に関わらないことは難しくなるので、（中略）日本に人形を送らなければ良かったのにと思います」と日記に書いている。[31]渋沢の「国民外交」は、戦後の民間外交とは異なり、政府との密接な協力の下で進められており、他方、そうしたことを十分に勘案しないギューリックの人形交流の試みは、「ナイーヴというほかない」（外交史家・麻田貞雄の言）のかもしれない。[32]しかしながら、紙幅の都合上、ここで詳しく論じることはできないが、戦後日米文化関係の再興は、やはり、そうした交流の土台の上に築かれたのではなかろうか。

日米人形交換事業から四年後の一九三一年一一月一一日、渋沢は逝去した。第一次世界大戦の休戦記念日であったが、同年九月には満州事変が勃発しており、彼の対米「フィランソロピー」における尽力にもかかわらず、日米関係は移民問題に加えて、新たな緊張を孕む時代を迎えたのである。

注

（1）「明治天皇とグラント将軍の御会見――明治聖徳絵画館へ奉納の壁画成りしに就いて――グラント将軍歓迎の追憶」（『竜門雑誌』五〇九号、一九三一年（『伝記資料』別巻第八　談話（四）・余録、二一七〜二二二頁））。

（2）Minami Nishioka, "The U.S. in Asia in the 1870s: General Grant's Visit to East Asia and the Japanese Annexation of Rrūkyū," paper presented at the annual meeting of the Japanese Association for American Studies, June 2, 2018.

（3）Ei'ichi Shibusawa to George A. Finch, June 19, 1930, Carnegie Endowment for International Peace New York and Washington Offices Records, 1910-1954, Ser. IIIA Division of Intercourse and Education, General, Box 423, Rare Book and Manuscript Library, Columbia University.

（4）「国家的観念の権化カーネギー氏」（『青淵百話』乾、同文館、一九〇二年）二五七～二六九頁。「米国漫遊の九十日間」（『青淵百話』坤、同文館、一九〇二年）六九一頁。

（5）「対支事業と日米提携」（『竜門雑誌』三五〇号、一九一七年（『伝記資料』三五巻、五三二頁））。

（6）チャールズ・A・ビーアド／東京市政調査会訳編『東京の行政と政治――東京市政論』（東京市政調査会、一九六四年）二二一～二三頁。

（7）正岡猶一『米国及米国人』（二西社、一九一三年）一～二頁。Naoichi Masaoka, ed., *Japan to America: A Symposium of Papers by Political Leaders and Representative Citizens of Japan on Conditions in Japan and on the Relation Between Japan and the United States* (New York: G.P. Putnam's Sons, 1914, pp.v–vi) も参照。

（8）カリフォルニア州の日本人移民問題については、簑原俊洋『カリフォルニア州の排日運動と日米関係――移民問題をめぐる日米摩擦　一九〇六～一九二一年』（有斐閣、二〇〇六年）を参照。

（9）「日米関係委員会集会記事摘要」（『伝記資料』三五巻、一〇五～一一〇九頁）。

（10）巌谷小波『新洋行土産』下巻（博文館出版、一九一〇年）一～五頁（『欧米見聞録集成』三二巻（ゆまに書房、一九八九年）三七～四一頁として翻刻（以下、同））。

（11）同前、巌谷『新洋行土産』下巻、六八頁（『欧米見聞録集成』三二巻、一〇四頁）。

（12）前掲、正岡『米国及米国人』九七二～九七四頁。

（13）「民力全開」（航跡　新世紀へ　朝日新聞創刊一二〇周年）、『朝日新聞』一九九九年三月六日（大阪本社版）（『寄付事件記録』の引用もこの記事から）。大阪商工会議所編『大阪商工会議所百年史』本編（大阪商工会議所、一九七九年、第四章）参照。

（14）前掲、「米国漫遊の九十日間」、六九〇～六九一頁。

（15）アレクシス・ド・トクヴィル／松本礼二訳『アメリカにおけるデモクラシー』二巻（上）（岩波文庫、二〇〇八年、第二部第五～七章）参照。

(16)「青淵先生渡米の使命」(『竜門雑誌』三二九号、一九一五年(『伝記資料』三三巻、六頁))。
(17) 本シリーズ『帰一協会の挑戦と渋沢栄一』所収、是澤「シドニー・L・ギューリック」(コラム1)を参照。
(18) 彼の略歴については、廣部泉「日米友好の伝道者――シドニー・ギューリック」(『外交フォーラム』(二〇〇四年一月)八八～九一頁)を参照。戦前の日米関係における日本人移民問題の重要性についても、Izumi Hirobe, *Japanese Pride, American Prejudice: Modifying the Exclusion Clause of the 1924 Immigration Act* (Stanford: Stanford University Press, 2001)を参照。
(19) 木村昌人『渋沢栄一――民間経済外交の創始者』(中公新書、一九九一年、第四～五章)参照。
(20) 前掲、木村『渋沢栄一――民間経済外交の創始者』(一三七～一四八頁)も参照。
(21)「米国訪問談」(『竜門雑誌』四〇七号、一九二二年(『伝記資料』四八巻、三四頁))。
(22)「賢哲は良き女性より出づ」(『家庭週報』六五八号、一九二二年(『伝記資料』四四巻、六四六～六四八頁))、および「世の中に出て重荷を負へ――日本女子大学第廿三回生に餞す」(『家庭週報』八三四号、一九二六年(『伝記資料』四四巻、六六五～六六六頁))。
(23) 平和宮はカーネギーの資金でハーグに建設され、一九一三年に落成して、宮中に常設仲裁裁判所(現・国際司法裁判所)が置かれた。
(24) 斎藤眞「草創期アメリカ研究の目的意識――新渡戸稲造と『米国研究』」(細谷千博・斎藤眞編『ワシントン体制と日米関係』東京大学出版会、一九七八年、五八六～五八七頁)も参照。
(25) A. Burton Hepburn to Eiichi Shibusawa, June 11, 1917.『伝記資料』四五巻、四三二～四三八頁。
(26) 前掲、斎藤「草創期アメリカ研究」(五八七頁)参照。
(27) A・バートン・ヘボン宛渋沢書簡、一九一七年八月六日。渋沢宛山川健次郎書簡、一九一七年九月八日。A・バートン・ヘボン宛渋沢書簡、一九一七年一〇月九日。Hepburn to Shibusawa, November 14, 1917.『伝記資料』四五巻、四三三～四四五頁。
(28) 前掲、斎藤「草創期アメリカ研究」五八九頁、および斎藤眞ほか編『アメリカ精神を求めて――高木八尺の生涯』(東京大学出版会、一九八五年、二九～五八頁)参照。中嶋啓雄「知的交流に見る戦前・戦後初期日米関係の断絶と継続」(竹内俊隆編『日米同盟論――歴史・機能・周辺諸国の視点』ミネルヴァ書房、二〇一一年)二七～二八頁。また最新の研究として、山内晴子「渋沢栄一のヘボン講座支援：朝河貫一と高木八尺――デジタル版『渋沢栄一伝記資料』を使用して」(『渋沢研究』三〇巻、二〇一八年、三～二三頁)も参照。新渡戸の日記の引用は、斎藤「草創期アメリカ研究」(五八九頁)より。
(29) 同事業の優れた研究として、是澤博昭『青い目の人形と近代日本――渋沢栄一とL・ギューリックの夢の行方』(世織書房、二〇一〇年）、および Rui Kohiyama, "The 1927 Exchange of Friendship Dolls: U. S-Japan Cultural Diplomacy in the Inter-War Years," (*Diplomatic History* 43, April 2019, pp.282-304）を参照。

(30)　三・一独立運動後、武断政治から文化政治への移行が図られた朝鮮にも「青い目の人形」が送られ、また答礼の日本人形の製作もその一部は朝鮮からの寄付によって賄われた。日米文化交流が朝鮮に対する懐柔策に援用されたのも、また歴史の一面の事実であった。同前、是澤『青い目の人形』各所参照。

(31)　Hirobe, *Japanese Pride, American Prejudice*, pp.103-104 に引用。

(32)　渋沢の「国民外交」については、酒井一臣「渋沢栄一の『国民外交』――渡米実業団を中心に」（『渋沢研究』二六号、二〇一四年）一三～二八頁。ギューリックの評価は麻田貞雄『両大戦間の日米関係――海軍と政策決定過程』（東京大学出版会、一九九三年、三四九頁）を参照。

第Ⅱ部　国際交流活動における日本の実践

第四章　博覧会と渡米実業団の交流

ジェファー・デイキン（Jeffer Daykin）（翻訳・飯森　明子）

一　博覧会と国際関係の構築

一九世紀半ばから二〇世紀初めにかけて開催された万国博覧会は、さまざまな目的を持った人々にそれぞれの関心をもたらす重要なイベントであった(1)。開催地の関係者は、地域経済振興のために博覧会を開き、政府の支援と海外からの参加を得て貿易を活性化し、大国としての地位をアピールした。博覧会ではあらゆる種類の商品や技術が展示され、品評され、販売されるという極めて商業的なイベントだったが、各国の権威ある繁栄を誇示する国家主義的な祝典でもあった。また、世界中から参加が見込まれるため、使節団を派遣するにはまたとない機会だった。イベントの成功には外国からの参加が欠かせず、貿易や商業の発展が主たる目的であるから、派遣される使節団は温かい歓迎を当然受けることとなった。使節団自身にとっても、もちろん、開催地域におけるマーケットの状況を知り、なじみのない製造工程や技術に直接接するなどさまざまな目的があっただろう。さらに使節団が互いに貿易上の利益を通じて民間人が友好的な国際関係の構築に向けて「非政府外交」に携わることを可能にしたのである。

本章は、二〇世紀初めに米国と日本の橋渡しとなった一連の博覧会と、これらに関連する使節団について考察し、両国間の関係改善におけるそれらの有効性を評価することを目的としている。当時、日米両国がともに参加した万国博覧会は多数あるが、ここではおもに激化する日本人移民問題とともに日米外交において緊張の舞台となった米国西部における博覧会に注目する。短期的には日本の使節団が米国の内政に望むべき影響を与えるという目標は達成できなかったかもしれない。しかしながら、一度の開催が数か月にわたるなど、多くの人々が一堂に会する博覧会の特性上、使節団の来訪や博覧会は長く続く個人的関係、すなわち人脈の構築を促し、必ずしも毎回奏功したわけではないとはいえ、最終的に偏狭なナショナリズムや孤立主義的傾向に反する永続的な流れを生み出したのである。

二　相互参加としての博覧会使節団

米国西部における初の「博覧会外交」の取り組みは、一九〇五年（明治三八）オレゴン州ポートランドで開催の博覧会参加計画を軸に展開された。ポートランド博覧会は、表向きは一八〇二年から一八〇六年にかけてのルイスとクラークによる探検の一〇〇周年を記念するイベントだったが、実際にはオレゴンを将来の米国における正式な対アジア交流向け拠点として確立することが狙いだった。[2] そして、その主張を正当化するためには、日本の参加がどうしても必要だった。

日本からの出展を確保するためにポートランド博覧会の企画者たちが考えたのが、一九〇三年（明治三六）に大阪で開かれる予定の第五回内国勧業博覧会にオレゴン州から使節団を派遣し、関係を構築するという戦略であった。[3] もちろんオレゴンのさまざまな産業界がマーケット拡大のために日本出展に関心を持ったのだが、オレゴン州の展示会責任者ヘンリー・E・ドシュ（Henry E. Dosch）にとっては、オレゴンの参加に対する返礼として、日本に二年後のポートランド博覧会に出展する意義と重要性を認識させることの方が直接かつ差し迫った目的だった。

ドシュが大阪に出かけ、内国博覧会を訪問する狙いは、ポートランド博覧会の目的を前進させることだったが、彼の訪問は日本の関係者にも恩恵をもたらすこととなった。一九〇二年（明治三五）、会場予定地である天王寺公園を事前に訪問したドシュは、早速、各国の博覧会で培った幅広い経験を発揮し、例えば、自然光を取り入れある程度気温を下げる天窓の追加や、各種展示を仕切る衝立を取りはらうことなど、博覧会施設の改善案を提示したのだった。早い段階で博覧会の計画に対する積極的な関与が高く評価され、彼は外国産品を展示する「舶来見本館」の総監督に指名され、外国からの出展者の中で主導的な役割を担うことになった。

シーズンパスといわれる全期間通し入場券に関する一般的な手順や、優秀な展示に対して賞を決める審査員の任命手続きなど、ドシュは博覧会の運営にも定期的に助言をおこなうなど、その後も彼の専門知識は一貫して頼りにされた。大阪での内国博覧会を先進国で開催される万国博覧会のモデルにすることが日本の強い望みであり、博覧会場の建設から運営まで、博覧会全体に精通したドシュは貴重な存在だった。内国博覧会の閉会から数か月後、ポートランド博覧会の計画が本格化する中、第五回内国勧業博覧会を成功に導いたとして、ドシュは日本政府から勲三等瑞宝章を授与された[4]。

大阪の博覧会でオレゴンの製造業者を代表したドシュの取り組みは、博覧会の後も継続していく日本での個人的な人脈の構築につながった。彼はビジネスから退いて久しかったが、太平洋間の小麦粉貿易で優位を目論む太平洋岸北西部大手、ウィルコックス社（Theodore Wilcox）の狙いを砕くため、米国在住の日本人のユアサ（T. Yuasa）という輸出入業者に北西部の独立系製粉工場と関係を作るよう働きかけた[5]。ウィルコックス社の急激な独占を犠牲にしてでも、これを後押ししたことは当然ながら北西部にある他の地元企業の工場を支えることになった。すなわち現地企業の利益追求を助けたことによって、ドシュは日本の輸入業者にも恩恵をもたらしたのだった。

一九〇五年（明治三八）のルイス・クラーク一〇〇周年記念ポートランド博覧会では、結局のところ、期待していた日本政府から全面的な公式参加は得られなかった。日本館は建設されず、日本政府の展示品はおもに前年にはるかに大規模に開催されたセントルイス万国博覧会から転送されたものだった。とはいえ、日本人実業家らとポートランド副領事らは、ポートランド博覧会への日本の参加を実現させた。ポートランド博覧会後も、ドシュは一九〇九年（明治四二）にシアトルで開催されたアラスカ・ユーコン太平洋博覧会で展示責任者を務め、引き続き日米関係の重要性を強調するなど、世界の見本市や博覧会を通じて太平洋岸北西部の経済振興に尽力した。

三　アラスカ・ユーコン太平洋博覧会と一九〇九年渡米実業団

シアトルで開催されたアラスカ・ユーコン太平洋博覧会は、渋沢の渡米実業団にとって、理想的な目的地でありかつ米国での出発点となった。貿易見本市としての博覧会自体は、実業団がその後数か月かけて徹底的に詳細を確認することになる米国のビジネス実情を大局的に知る糸口となった。また、国家主義的かつ国際イベントとしての意味を考えれば、博覧会視察は列強の仲間入りによって生じ始めた日本に対する不安や懸念を和らげつつ、日本の驚くべき発展と近代化を称える機会を与えたのである。

渋沢も、彼の地におけるネットワークを育て鼓舞し、そして構築するためのイベントとして、万国博覧会の可能性を高く評価していた。彼が、実際に初めて西洋の目覚ましい進歩を体験したのは、徳川昭武（一八五三～一九一〇）が率いた一八六七年（元治二／慶応元）パリ万国博覧会への使節団に同行したときのことだった。彼はそこで目にした多くの斬新な発明に魅了され、それを可能にした組織や原理に感銘を受けた。渋沢は、博覧会後も一年以上パリにとどまって学び続け、そこで得た知識を生かして新しい明治の国づくりに貢献することとなった。その後四〇年以上にわたって国家建設に必要な経済、社会、文化的基盤整備に尽力する中、継続的な進歩を促し、世界中の人々を結集する場として、渋沢は一貫して万国博覧会の重要性を認識していた。

シアトル博覧会と渋沢の渡米実業団のさまざまな目的を理解するためには、この二つの事案をも含め、太平洋をまたいだイベントの背景を考察することが重要である。一九〇四年（明治三七）から一九〇五年まで続いた日露戦争が、日本海軍の圧勝で実質的に終結したことを受け、日本と米国は桂・タフト協定を結び、フィリピンと朝鮮に対する互いの権益承認に合意した。その後、一九〇八年（明治四一）には高平・ルート協定が締結され、中国における門戸開放の政策維持を条件として、相互に各々の領域を併合する権利を認めたのだった。だが、こうした領土協定とは裏腹に日米関係の緊張は高まっていったのだった。

カリフォルニアではすでに日本人移民排斥の声が上がっていたが、一九〇六年（明治三九）サンフランシスコ地震後にはその排日運動が爆発的に広がり、翌年にはカリフォルニア州サンフランシスコからワシントン州ベリンハム、さらにはブリティッシュ・コロンビア州バンクーバーに至るまで、西海岸で排日運動が発生した。この緊張を緩和するため紳士協定が締結され、日本が米国大陸への移民を制限すると誓約する一方、米国連邦政府はカリフォルニアをはじめとする各州で日本人への排斥法が制定されないよう、あらゆる努力を払うことに合意した。

セオドア・ルーズベルト大統領は一九〇七年（明治四〇）、アジア各地を寄港しながら米国海軍大西洋艦隊を世界周航させる計画、すなわちマスコミから「ホワイト・フリート」と呼ばれた大規模艦隊を太平洋に派遣する決断を下した。ルーズベルト政権による政府間覚書に関する調査では、日本全体に対するものではないにしても、太平洋への艦隊派遣は、カリフォルニアにおける排日運動を根拠として対米軍事行動をとるのは無謀である、と日本政府に向けたメッセージでもあったことが明らかになっている。(6) そのような意図がありながら、一九〇七年一二月一六日に艦隊が出航した時点で米国以西の最終的な太平洋航路は定まっておらず、最終的に完全な世界一周航路が発表されたときにはすでに紳士協定が締結されていた。日本はすぐにこの艦隊に対して丁寧に訪日招待をおこなった。

八日間の日本寄港中、日本はホワイト・フリートを手厚くもてなし、数々の歓迎会やイベントを催し、全力を挙げてスペリー（Charles S. Sperry）少将とその幕僚、そして二五〇〇名の船員を歓待した。

ホワイト・フリートがちょうどアジア海域に入ろうとしていた一九〇八年夏、日本の商業会議所では米国西部の通商関係者に対し訪日を要請する準備を進めていた。招請の時期と米国人実業家が米国海軍の艦隊と同時に日本に滞在することになるという事実を踏まえれば、それらの訪日要請には関連があると考えるのが妥当だろう。結局、西海岸の五つの商業会議所の代表者とそれぞれの妻を含む五〇名近い米国訪日実業団は、ホワイト・フリートと同様に非常に手厚い歓待を受けた。日本を訪問した二つの使節団に対する厚遇が、翌年アラスカ・ユーコン太平洋博覧会に派遣した日本の公式代表者や非政府団体である渋沢の渡米実業団に対して、米国から厚遇を受けるきっかけとなったのだ。

ポートランド博覧会と同様、シアトル博覧会でも日本は極めて重要な役割を果たした。一八九六年（明治二九）には日本郵船がグレート・ノーザン鉄道との間でシアトル航路に関する契約を締結していたこともあり、対日貿易はシアトルの成長にとって重要だと考えられていた。[7] 一八九八年（明治三一）には東洋汽船がサンフランシスコ航路を開設したが、日本ではカリフォルニアに対する評判が悪化し続けていたため、以前には定評のあった西海岸その他の大都市を凌いで、シアトルは米国における「日本と東洋への玄関」として重要な都市になると考えられた。[8]

日本政府は、一九〇四年のセントルイス万国博覧会で日本の代表代行を務めた太田一[9]を、シアトル博覧会参加を統括する政府代表に指名した。竹沢太一が会長を務める日本出品協会は、政府からの補助を受けた民間組織で、様々な博覧会へ日本の参加を手配することを事業目的としていた。セントルイスやパリ、ロンドンで開催された大規模な博覧会には遠く及ばなかったが、同協会を通じて日本館の建設に一〇万円というかなりの金額が投じられた。[10] その日本館では、対米輸出に最も重要だと考えられていた生糸や農工業製品のほか、農商務省や文部省、海軍など、さまざまな政府機関の展示品も並べられていた。

しかし、そうした政府の公式参加に加え、渋沢の渡米実業団もまた日本代表として歓迎された。一九〇八年秋、米国訪日実業団が帰国して間もなく、日本での厚意に応えるために、今度は日本から実業家による使節団を受け入れる計画が持ち上がった。当初は太平洋岸の商業会議所連合会がこの計画を支持し、彼らの接待費や旅費として五万円の支援を連邦政府に求めようと働きかけた。だが、カリフォルニア商業会議所はカリフォルニア代表の上院議員を説得して支持を得ることが出来なかったため、ここで断念することを避けつつ、延期すべきとの判断を下した。しかし、シアトル商業会議所は、渡米実業団の移動手段として鉄道を提供し、地元関係者の支援で接待する手筈を整えておいて、その他の太平洋岸北西部の商業会議所から、渡米実業団への訪米要請に対する支持を取り付けようとした[11]。最終的にカリフォルニア商業会議所も招待状に署名し、米国政府も渡米実業団に積極的な関心を示した。なかでも、一九〇九年の渡米実業団の誘致に向けて中心的な役割を果たしたのがシアトル商業会議所だったのである。

渋沢が率いた渡米実業団は実業家ばかりで政府の公式任務は担っていなかったが、政府の積極的な後押しを得ていた。渡米実業団の到着に先立ち、米国の著名人に配布するため、『ジャパン・アンド・アメリカ』(*Japan and America*)という冊子が大量に米国各地の領事館に送付された。これには日米間の歴史上の重要な友好関係に関する記事、渡米実業団の主要メンバーの人物と経歴の紹介、日米貿易拡大に関する統計、紳士協定の諸条件を日本が自主的に遵守していることを裏付けるデータなどが掲載されていた。したがって、渡米実業団は、日米貿易を促進しただけでなく、外交の役割を担っていたといえるだろう。

シアトル博覧会の企画担当者らは、渡米使節団の訪米日程に合わせて、博覧会での「ジャパン・デー」開催を調整した。当時の博覧会では参加国を称える特別な日を設けるのが恒例になっていた。それ以前にも米国で開催された多くの博覧会でも、同じようにジャパン・デーのイベントが開催されていたが、シアトルと現地最大の日本人会の協力によって、ジャパン・デーは極めて大きな意義深いイベントとなった。シアトル地域在住の日本人約四〇〇〇人に加え、米国西部全体とカナダからさらに三〇〇〇人余りがこの日のイベントに合わせてやってきた。シアトルのジャパン・デー・パレードには二〇〇〇人以上の現地日本人が参加した。博覧会会場に続く沿道には二フィート間隔で飾り付けられた五万個の赤い提灯が灯り、日米の国旗を振る商業会議所関係者らがパレードを迎えた。博覧会の見学者には一万本の日本国旗が配布され、事前に告知されていた日露戦争での日本の勝利に祝意を表すため、花火が打ち上げられた[12]。渡米実業団一行は、パレードと当日開催された博覧会の多数のイベントに参加して注目を集め、近代的な列強の一つとして日本は熱烈な歓迎を受けることとなった。

シアトル博覧会の外でも、多くの民間主催による歓迎会が開かれ、渡米実業団は広く歓迎された。例えばシアトル消防署のデモンストレーションや商業用設備など、現地のインフラや自治体の運営に関する視察ツアーも組まれるなど、数か月にわたる長旅を通じて、渡米実業団はこうした待遇を受け続けたのであった。これらの視察は情報収集を目的としたものだったが、マス・メディアも一行の動向を詳細に記事にした。各地のさまざまな産業や現地社会が関わる太平洋間の貿易について、実業団から日本の考えを伝える機会にもなった。渋沢は、カーネーション社の練乳工場視察の機会に、互恵関税、そして価格が適切な場合には日本は欧州製品よりも米国製品を優先するという協定を提案した。渡米実業団の行く先々で、渋沢はさまざまな機会をとらえてこの考えを表明した[13]。木材はシアトルの最も重要な輸出品の一つで、渋沢は太平洋岸北西部の木材業界の視察もおこなった。現地の報道は、米国では事実上無限の資源だと考えられている木材について、渋沢は日本ではもはや林業は持続できないほど過剰に伐採されていることについて懸念を示したと伝えた[14]。

全体として、米国マスメディアは渡米実業団を詳しく好意的に取り上げた。『ジャパン・アンド・アメリカ』は地域の限られた著名人に配布されたのみであったが、太平洋岸北西部を中心に地方紙が実業団の主要メンバーの紹介記事に労を執り、彼らの熱烈な歓迎を促すこととなった。渡米実業団は鉄道で一万三五八マイルを移動しながら米国中核地域の五七都市を訪れた。彼らは訪問先で心からの温かい歓迎を受けたが、米国における排日運動の中心地であったサンフランシスコでも好意的に迎え入れられた。このことこそ、米国の人々の日本と渡米実業団に対する幅広い支持を示す最も有力な証であろう。

『サンフランシスコ・クロニクル』（*San Francisco Chronicle*）は渡米実業団について終始肯定的に報じた。が、同紙が日本との友好的な貿易関係から得るものが多い地域の上流財界人の意見を代弁する主要な新聞であったことを考慮すれば、一般向けの報道とは言えないともいえる。それでも、アジア人排斥同盟が渡米視察団への抗議として不買運動を計画していたことからもよくわかるように、カリフォルニアでは一部の人々は強い反日感情を抱いていた。そのような中でも、湾岸地域の労働組合は全体として抗議活動を積極的に抑制し、全国の新聞はこぞって熱烈な報道を繰り返したのであり、『イブニング・コール』（*Evening Call*）をはじめとする労働者向けの新聞でさえ歓迎報道に加わったのであった。

一九〇九年の渡米実業団には二つの目的があった。表向きには、米国の産業および教育に関する最新手法を学び、売買対象商品を見極め、日米間の貿易関係を発展させる方法を模索するなど、情報収集が目的だった。渡米実業団は、地方から大都市までさまざまな農工業関連企業や教育・行政機関を巡った。しかし渋沢らには、外国で生じている日本人に対する不平等な処遇の是正を図るというもう一つの差し迫った目的があった。日本人移民と、列国として台頭する日本に対する米国の懸念を和らげるために友好親善と相互理解を推し進めることが、渡米実業団の狙いだったのである。

渋沢は公式に政治的役割を担っていたわけではなく、日本の商業会議所連合会の代表者で構成される渡米実業団をリーダーとして率いたのであり、その活動はいわば民間経済外交だったといえる。渋沢は訪米中、タフト（William H. Taft）大統領を含む要人らと面談したが、正式な全権大使ではなかった。むしろ、渡米実業団の強みは、太平洋間の日米貿易による相互利益のために話し合い、個人的な関係を構築することで世論に影響を与え、ひいては州および国家レベルで間接的に米国の政策に影響を与え得るという点にあった。

しかし、残念ながら、一九〇九年の渡米実業団は日本人に対する不平等な扱いを改善するという目標を達成することはできなかった。カリフォルニアでは一九一三年（大正二）に日本人移民に対する外国人土地法が成立し、一九一九年（大正八）日本は国際連盟規約に人種差別撤廃条項を盛り込もうとしたが、欧米列強の圧力に屈することになり、一九二四年（大正一三）にはいわゆる排日移民法成立により米国への移民が正式に禁止された。こうした出来事があっても、渋沢は引き続き日米両国の良好な関係構築に尽力したが、太平洋間の対話は、政治的対立やナショナリズムを求める場当たり的な声が優勢になっていった。

四　相互理解が育んだ友情の恩恵

一九〇九年の渡米実業団は好感を持たれはしたが、その後の米国における排日移民法の制定を阻止することはできなかった。訪米中には、日米を結び付ける国際商業会議所連合会の設立などのほか、成果が期待されていた案件についても話し合われたが、実現には至らなかった。しかし、長期間にわたって人々を引き寄せる博覧会への交換訪問は、その性質から、永続的な効果を持ち得る関係を生みだすものである。

結局のところ、博覧会の出展者は数か月もの間、受入国、あるいは地元の人々や世界中から集まった他の出展者と交流し、そこから多くを学ぶのである。ドシュの場合、一九〇三年の大阪での博覧会で日本側との距離を縮め、その後、一九〇五年のポートランド博覧会と一九〇九年のシアトル博覧会で展示責任者として両国の関係改善に努めた。特に同年の渡米実業団による三か月の長期訪米のように、期間の長い使節団の派遣も、博覧会と同じように人々を結び付け、相互理解と深い個人的つながりを育むこととなった。

使節団というものは、特定の組織や企業を短時間訪問するだけにとどまり、非常に限られた接触を持つことしかできないように思われるかもしれないが、使節団の行程全体を支える役割そのものが長期的な交流を可能にするものなのである。例えば、同年の渡米実業団は多くの場所を訪れたが、数か月に及ぶ行程を通して受入国側の代表者がこれに同行し、人と手荷物の移動に便宜を図るなど渡米実業団を全面的にサポートした。ポートランドで成功を収めた製材会社の経営者であり、一九〇八年に太平洋岸の商業会議所連合会から日本に派遣された使節団に参加したオレンジ・マーカス・クラーク（Orange Marcus Clark）もその一人だった。

訪日の経験に深い感銘を受けたクラークは、太平洋間の貿易促進に積極的に取り組むようになった。渋沢の広範な米国訪問での役割を終えた後の一九一〇年（明治四三）、彼はサンフランシスコの海運王ロバート・F・ダラー（Robert F. Dollar）率いる訪中使節団に加わった。これは、南京で開催された中国初の全国博覧会である「南洋勧業会」に合わせて派遣されたものである。万国博覧会が貿易および外交関係の改善に向けた機会を作りだすのに重要な役割を果たしていることが立証されるなか、クラークはその後もドシュとともに一九一五年（大正四）にサンフランシスコで開催されたパナマ太平洋博覧会へのオレゴン州の出展に向けて企画や準備に尽力し、最終的にはオレゴン州の展示責任者としてドシュからその任を引き継いだ。

日本もまた同年のサンフランシスコ万国博覧会に出展している。第一次世界大戦が勃発し、先進国の参加が非常に限られるなかでは日本の出展は特に重要だった。こうした大イベントの正統性を保証するには国際的な参加が欠かせないのであり、サンフランシスコは万国博覧会の成功を日本の出展に頼ったのである。しかし、一九一三年に成立したカリフォルニア州の外国人土地法成立によって参加の判断は相当困難なものになった。同法は、主に日本人を対象として農地の所有や長期賃借を禁じる内容だった。この法は一九〇八年の紳士協定に反する屈辱的な措置であって、日本側が財政削減を理由にサンフランシスコ万国博覧会への参加を見送る根拠として十分なものと思われた。

それにもかかわらず日本が参加したのは、それ以前の博覧会や渡米実業団によって育まれた人脈があり、博覧会に参加すると、貿易の取引や人脈作りに役立つと理解されていたからである。同年に米国訪日実業団の一員として来日していたダラーは、日本からの出展を訴える際、それまでのイベントや返礼としての一九〇九年の渡米実業団の意義と価値について、はっきりと言及した。ダラーあるいはクラークや渋沢らが共有していた歴史や、彼らが構築しようとしていたより友好的な未来をふまえれば、渋沢がダラーに対してサンフランシスコ万国博覧会への日本の参加を約束し、それを果たしたことは驚くことではない。[15] 必ずしもカリフォルニアでの排日移民法の制定とは無関係ではない、そのような排他的な法律が制定されたからこそ、むしろ相互理解につながる人脈作りの重要性がいっそう明らかになった。渋沢は日本の参加を積極的に促しただけでなく、彼自身もサンフランシスコ万国博覧会に出席し、展示会を訪れたり多数の交流会に参加しながら同地で一週間あまりを過ごしたのだった。

のちに一九二三年（大正一二）関東大震災で壊滅的な被害を受けた日本の再建を支援するためにクラークが尽力したことは、こうした長年にわたる継続的な交流があったからなのである。クラークはポートランドで、その恐ろしい災害について渋沢から連絡を受けると、二か月も経たないうちにセントポール・アンド・タコマ木材会社社長のエヴァレット・G・グリッグス（Everett G. Griggs）と西海岸製材業者協会のチェスター・ホーグ（Chester Hogue）とともに、それぞれの妻を伴って来日した。冬の間、彼らは技術支援をおこない、後藤新平が率いる帝都復興院に大量の材木の寄付をおこなった。もちろん、このような慈善活動を、関東地方全体の復興に必要とされた推定二

郵便はがき

料金受取人払郵便

山科局承認

1695

差出有効期間
平成31年11月
30日まで

6078790

（受　取　人）
京都市山科区
日ノ岡堤谷町1番地

ミネルヴァ書房
読者アンケート係 行

◆ 以下のアンケートにお答え下さい。

お求めの
書店名＿＿＿＿＿＿＿市区町村＿＿＿＿＿＿＿＿＿＿＿＿＿＿書店

＊ この本をどのようにしてお知りになりましたか？ 以下の中から選び、3つで○をお付け下さい。

A.広告（　　　）を見て　B.店頭で見て　C.知人･友人の薦め
D.著者ファン　E.図書館で借りて　F.教科書として
G.ミネルヴァ書房図書目録　H.ミネルヴァ通信
I.書評（　　　）をみて　J.講演会など　K.テレビ･ラジオ
L.出版ダイジェスト　M.これから出る本　N.他の本を読んで
O.DM　P.ホームページ（　　　　　　）をみて
Q.書店の案内で　R.その他（　　　　　　）

四億ＢＦＴ（ボードフィート、約五六六万立方メートル）のうちの七億二〇〇〇万ＢＦＴ（約一七〇万立方メートル）あまりの木材を太平洋北西部の工場が注文を確保する見込み、とされた事実から切り離して考えることはできない。が、これを可能にしたのは、渋沢とクラークとの個人的な友情があってのことである。[16]

五　人脈作りが開いた民間経済外交

一九〇六年のサンフランシスコ地震に対して日本は支援活動をおこなったが、その翌年には米国西部で排日運動が高まった。これと同じように、悲しくも残酷なことに、米国での対日感情はますます悪化し、関東大震災の翌一九二四年（大正一三）、アジアから米国への移民を全面的に禁止するという酷な移民法が成立した。とくに一九二九年（昭和四）に特定の米国産木材製品に対する日本側の不買運動が高まってからは、太平洋岸の商業会議所連合会の友人たちは連邦法に対して激しい反対の声を上げ、少なくとも割り当てによって一部の日本人移民を認め、人種に基づく追放という屈辱を和らげるよう提案した。が、連邦政府を説得することはできなかった。[17]

しかし、クラークらとの個人的な結び付きによって、相互協力と共通の目的実現に向けて蒔かれた種は、状況が変化して花を開くこととなった。一九二八年（昭和三）、ポートランド商業会議所は、日本とのつながりを維持し、よりよい外交関係を支持するため、オレゴン日本協会（Japan Society of Oregon）を設立した。その後一九三四年（昭和九）四月に日本協会（Nippon Society）と名前を改めた。同協会は、第二次世界大戦中の一九四〇年（昭和一五）に解散した。しかし、一九五四年（昭和二九）には再びオレゴン日本協会として再生し、最近ではオレゴン日米協会（Japan-America Society of Oregon, JASO）と組織を更新している。オレゴン日米協会は今なお日本との相互理解と貿易を促進する組織として活発に活動しており、その起源は一世紀以上前の度重なる貿易や博覧会の視察団によって育まれた個人的な結び付きに直接遡ることができるのである。

博覧会や使節団のようなイベントには、さまざまな目的があるだろう。どちらの場合ももちろん貿易に直接プラスの影響をもたらすことが主眼であるが、問われるのはそれだけではない。万国博覧会では、外国からの参加を確保しなければならないのであり、企画担当者たちは自分たちの厚意に応えてもらうために他国の博覧会に出展し、「博覧会外交」を繰り広げることになる。貿易を目的とする使節団の場合には、貿易を実現するために必要な友好関係を構築することが重要であり、財界人が自国を代弁し外交関係の改善を図るある種の「民間経済外交」の側面が顕著にあらわれる。

しかし、なによりこうしたイベントの本質は、人々が集まりふれあうことによって、絆や友情が自然に育まれるところにある。博覧会であれ「民間経済外交」であれ、特定の活動によって意図した結果が短期的には得られないかもしれない。だが、参加すること、その場に身をおくことによって得られた人間関係がもたらす影響こそ、永く続き、様々な変化を生み出すものではないだろうか。

注

（1）「博覧会」は、一九世紀初めに欧州の科学・技術界がさらなるイノベーションを喚起するための研究を目的として、新たに開発された技術を期間限定で展示するために開催したイベントから発展した。こうしたイベントは、その一時性から、常設展示スペースとして同時期に博物館に設けられた類似の企画とは一線を画すものだった。初の「万国博覧会」は、一八五一年にロンドンで開催された第一回ロンドン万国博覧会（Great Exhibition of the Works of Industry of All Nations）（通称：水晶宮博覧会）であると広く認識されている。それ以前のイベントとは異なり、「水晶宮」の建設に携わった関係者は、世界中の商品や技術革新の全容を包括的に展示し、世界中から広く参加を募ることを目指した。やがて、万国博覧会は、参加国の特性や文化、国益、そして世界での各国の相対的な地位を発展させるという幅広い使命を担うようになった。博覧会は一般的に商品や技術の展示部門とエンターテイメント部門で構成される。なお、本章では、仏語の「exposition」（博覧会）、英語の「exhibition」（展示会）、米語の「world's fair」（世界見本市）

または「fair」（見本市）を同じ意味で用いる。

（2）Carl Abbott, *The Great Extravaganza: Portland and the Lewis and Clark Exposition 3rd ed.*（Portland: Oregon Historical Society, 2004）pp.57-65.

（3）米国は、カナダ、中国、韓国、オランダ領東インド（インドネシア）などの植民地のように大阪博覧会に公式に出展しようとはしなかったが、オレゴン州からの公式な出展に加え、様々な民間企業が米国から参加した。

（4）Lewis and Clark Centennial Exposition History 1905, Official Records, *Part 5* Volume *1 John* Wilson Special Collections（JWSC）Multnomah County Library, Portland, Oregon 23; "Decorated by the Mikado," *Lewis and Clark Journal*（Portland, Oregon）, September 1904（JWSC）, 10.

（5）Charles Esdale to Henry Dosch, December 21, 1903, in the Dosch Collection（JWSC）.

（6）Thomas A. Bailey, *Theodore Roosevelt and the Japanese-American Crises*（Gloucester, MA: Peter Smith, 1964）pp.216-227.

（7）Mira Wilkins, "Japanese Multinational Enterprise Before 1914," *The Business History Review* 60, no. 2（1986）p.219.

（8）一九〇七年夏に報知新聞がシアトルとの貿易が有利になるようサンフランシスコでの不買運動を支持したため、事態がさらに加速したと思われる。Bailey, p.215。

（9）訳者注：「Hajime Ota」という名前で英文パンフレットが発行されているが、実際の職務内容から、星一のペンネームとみられる。星一は米国で苦学しコロンビア大学を卒業。帰国後、製薬業・薬学教育で成功するとともに、日米協会などで日米相互理解活動に尽力した。

（10）これに対し、日本は一九〇〇年のパリ博覧会には一三一万九五五九円、一九〇四年のセントルイス博覧会には八〇万円、一九一〇年のロンドン博覧会には一二〇八万円を拠出した。Lisa Hotta-Lister, *The Japan-British Exposition of 1910: Gateway to the Island Empire of the East*（London: Japan Library, Meiji Series 8, 1999）, p.222.

（11）"Japan—Visit Of" March 26, 1909, *Record of the Minutes of the Seattle Chamber of Commerce,* 471. 380. 10609 Seattle Public Library（SPL）Seattle, Washington.

（12）"Fireworks a Feature of Japan Day," *The Seattle Times,* September 2, 1909, p.7.

（13）米国にとって、日本市場における練乳の主な競合国はドイツだった。"Japanese See Factories of the City," *The Seattle Times,* September 3, 1909, pp.1-4.

（14） "Japanese Favor American Lumber," The Seattle Times, September 3, 1909, p.7; "Japanese See Our Forest Waste," *Spokesman Review*, September 11, 1909, p.4.

（15） Robert Dollar, *Private Diary of Robert Dollar on His Recent Visits to China*（San Francisco: W.S. Van Cott & Co, 1912）, p.183.

（16） 1923 Mission Report to Mr. Burnside for December 11, 1923, in private collection of O.M. Clark's papers.

（17） Izumi Hirobe, *Japanese Pride, American Prejudice: Modifying the Exclusion Clause of the 1924 Immigration Act*（Stanford: Stanford University Press, 2001） p.58.

第五章　民主化潮流と国際通信社設立への思い

高光　佳絵

一　第一次世界大戦以前の日本外務省の広報外交

渋沢栄一は、一九一四年（大正三）三月、「国際通信社」の発足にあたり、ニュースや情報を他者に左右されては、真の独立国とは言えないと主張した。[1] 渋沢が、情報の持つ国家権力の源泉としての力を認識していたことを示す発言と言える。[2] 本章は、渋沢が英国のロイター（The Reuters）や米国のＡＰ[3]（The Associated Press）に匹敵する日本の国際的通信社の育成をめざして「国際通信社」を設立・財政支援するに至った意図とその意義を国際政治における「民主化」への対応の中に位置づけることを目的とする。ここで「民主化」とは、欧米を中心に参政権が拡大し、外交分野においても世論の動向を考慮に入れざるを得なくなっていく過程を意味する。必ずしも国際政治が民主的に運営されるべきであるという規範に沿った動きだけを指すわけではなく、世論のコントロールを指向するような方向性を含め、世論が国際政治に影響力を持つという認識が共有されていく過程を広く意味している。

渋沢による「国民外交」が日本政府と密接に結びついたものであったことはつとに指摘されていることであり、すでに批判的な検討もおこなわれている。[4] しかし、本章が注目するのは、彼に代表される戦前期の非政府組織を通じた対外活動の関係者は政府と密接に関わりながらも一定の自律性を少なくとも主観的には有していた点である。

ただし、政府と協力する中で、政府側と見解が相違した場合、「民間」の意見が生かされることは稀であった。広報外交におけるメディアの利用をめぐっては、大きな方向性を共有しつつも渋沢と政府の間に見解の相違が見られた。第一次世界大戦前後から顕著となる国際政治における「民主化」の影響拡大という流れの中で、渋沢が模索したメディアとの関係は、より適切な広報外交の方向性を示しており、これを明らかにすることには一定の重要性があると考えられる。本章を通じて戦前期日本の広報外交に内在する問題点の起源を示したい。

先行研究によると、明治期の日本の対外宣伝はもっぱらお雇い外国人をはじめとする外国人エージェントに担われていたと言える。大谷正が明らかにしたように、ブリンクリー（Frank Brinkley）、ハウス（Edward Howard House）、シーボルト（Alexander George Gustav von Siebold）、スティーヴンズ（Durham White Stevens）らがその担い手であった。その手法としては、影響力を持つ人々に接近したり、新聞記者に接近したりするのみならず、資金提供などによる「新聞操縦」もおこなわれていた。[5] 日露戦争前後からは、伊藤博文の指示により金子堅太郎、末松謙澄などの日本人が欧米諸国に派遣され、各国首脳に影響を与えるよう活動したことが明らかになっている。[6] 彼らは、伊藤の広報外交エージェントの一角を占める存在であった。また、伊藤は広報・対外宣伝担当の秘書官として頭本元貞を用いていた。頭本は、一八九七年（明治三〇）に創刊された初の日本人経営の英字紙『ジャパン・タイムズ』（Japan Times）の主筆を務め、一九〇六年（明治三九）には、伊藤の韓国統監就任にしたがって漢城府（現ソウル）に赴き、イギリス人が経営していた英字新聞『ソウル・プレス』（Seoul Press）を買収して社長兼主筆となった。[7]

このような日本側の宣伝活動を、米国側はどのように見ていたのであろうか。それを示す同時代の史料を見出すのは難しいが、一九二一年（大正一〇）一〇月付で米国国務省が日本の米国におけるプロパガンダについてまとめた文書を参照すると、「日本の米国におけるプロパガンダが始まったのは一八八七年（明治二〇）に、スティーヴンズが米国に派遣されたときである」との認識が示されている。そして、当時の親日的な世論の大半は彼の努力によるものであったという評価を下している。一方、「日露戦争までは、日本からのニュースは世界の報道の中でたいして重要な位置を占めていなかった」との認識であった。ブリンクリーが経営する「『ジャパン・メール』(Japan Mail) が日本政府の広報を果たしていた時期がある」という点では前述の大谷の研究と同様の認識であった。国務省が日本の広報政策の一つの転換点とみていたのは、『ジャパン・タイムズ』の設立であった。そのきっかけは、ブリンクリーの老齢化に伴い英米の通信社が独自の特派員を日本に置くようになったことであった。これが、日本のニュースを英語で発信する初の日本人経営の英字紙が設立する動きを促進したと捉えたのである。(8)

日本の初期の英字紙の担い手であった外国人の多くが日本政府と協調的であったことは、オコーノ (Peter O'Connor) の研究が明らかにしている。(9) しかし、日露戦争頃までには日本の「新聞操縦」は行き詰まりを見せつつあった。『東京朝日』は、一九〇五年（明治三八）一〇月二八日付で、山座円次郎外務省政務局長が（ロシア側に便宜を図った──引用者注）ＡＰは不都合な奴だとコメントしたと報じている。そこで、一九一〇年（明治四三）三月にＡＰ社長のメルヴィル・ストーン (Melville E. Stone) の来日を機に日本側はＡＰの取り込みを図った。(10) このとき、渋沢はストーンと兜町の事務所で会談し、大隈重信邸における招宴にも出席した。(11) 当時ＡＰの東京特派員であったジョン・ラッセル・ケネディ (John Russell Kennedy) も同席していた。そして、翌一九一一年（明治四四）にストーンは勲二等、ケネディは勲三等を贈られたのである。実は、ストーンは、伊藤博文と縁のある人物であった。伊藤が若かりし頃、岩倉使節団（一八七一（明治四）～七三年（明治六））の一員として訪米した際、たまたま取材したのがストーンであった。ストーンはこのとき、一一歳で使節団に参加し留学した牧野伸顕とも会っており、一九一九年（大正八）のパリ講和会議で再会を果たした。(12) また、ストーンは同様に岩倉使節団に参加して留学した金子堅太郎とも親しく、金子がポーツマスでの日露戦争の講和会議に全権団委員として参加した際には、会議の裏舞台でロシアの譲歩を引き出すために尽力した。この実績が評価されて日本の政界にも広く知られていたという。(13) ストーンは、一九一〇年五月にニューヨークの日本協会で徳川家達歓迎会の司会を務め、六月には「東洋の覚醒」について好意的に語った。さらに、一九一六年（大正五）七月には、ニューヨークの日本協会で珍田捨巳大使送別会に出席し、日露協約は米国の中国利益に影響を与えないと発言した。この発言に対して、『東京朝日』の記事中でも、「日本に遠慮する必要のない記者の意見は違う」と注記されていることから、ストーンがこの時点で日本政府に近い人物と見なされていたことは明らかである[14]。

前述の米国国務省史料でも指摘されており、オコーノや大谷も言及しているように、日露戦争を境に、日本の広報外交は次第に失速した。これには、いくつかの要因があり、一つは、大谷が指摘している、日本軍の情報管理体制の変化であった。日露戦争においては、日本軍が情報管理に重大な関心を払い、自由な取材と報道を外国人通信員たちに許さなかった。一九〇〇年（明治三三）の義和団事件の際に、八カ国連合軍の一員として戦闘をおこなった日本軍が、その活動を世界に伝えてもらうために積極的に情報を公開していたのとはかなり様相を異にしていたのである。そのため、外務省の機密費支出は日清戦争一九万円、義和団戦争六七万円、日露戦争三二八万円と激増し、機密費のかなりの部分は「新聞操縦」費に充当されたと言われているにもかかわらず、日露戦争では大きな効果を生むことがなかった。この点は、頭本元貞の回想とも一致する[15]。

また、もう一つの要因は、日露戦争により日本への注目が増したため、日本政府に協力的な外国人ジャーナリストの活動の余地が狭まったことにあった。日本が頒布したい情報と、諸外国が入手したい情報の間の乖離が次第に大きくなったためであった。

二　日本の広報外交の転機と「渡米実業団」

このような状況の中で、米国において排日移民問題が持ち上がり、日本政府としては米国世論を改善するためにも新たな対応が求められた。そこで持ち上がったのが、国際的にニュースを供給する日本の通信社を設立することであった。

大谷の研究によれば、一九〇八年（明治四一）末から一九〇九年（明治四二）初頭にかけて、東京に東洋通信社と称する機関を設立し、同社を通じて中国および米国に対する宣伝活動を統一的に進めようとするプランが進行したが、挫折し、結果的に対中国宣伝と対米国宣伝が別々に実施された。このとき、対米宣伝のために設立されたのがニューヨークの東洋通報社（Oriental Information Bureau）であり、同年五月、小村寿太郎外相により頭本元貞が主幹に任命された。頭本に期待されたのは、英語で日本政府の対朝鮮・対清国政策の正当性を語ることであった。一方、小村外相は渋沢に対して、米国人の日系移民に対する感情を緩和することを目的として、実業団を率いて渡米することを一九〇九年四月に依頼していた。そして、先に通信社設立のために渡米した頭本に渋沢に随行して通訳を務めるよう指示をしたのである。(16) ただし、高橋勝浩の研究によれば、この時点ですでに通信社の設立案は挫折し、米国新聞・雑誌に働きかける計画へと変更されていたという。(17)

頭本の役割は、当時から、米国国務省にもよく知られていた。東洋通報社が外務省や財界の支持の下に設立されたことは公然の秘密であるとの認識も当時から持たれており、頭本が朝鮮を訪問することも注目されていた。(18) 実際、一九〇九年六月二八日、石井菊次郎外務次官は渋沢他の主要な財界人を官邸に招き、東洋通報社の設立趣旨と頭本を紹介して協力を求めていた。これに応えて渋沢は一同を代表して各自が毎年一〇〇〇円を拠出し、事業に協力すると発言した。これが東洋通報社を後援する実業家の「日米情報会」という組織の設立となり、渋沢以下二〇名が年会費一〇〇〇円を三年間拠出したのである[19]。つまり、頭本の渋沢の渡米実業団への随行は、米国当局の目から見れば、日本が官民一体となって広報外交をおこなっていると認識されるものであったと言える。

渡米実業団（一九〇九年九～一二月）に随行した頭本には、渋沢の通訳以外にも果たすべき役割があり、それは米国各地の新聞と接触し、東洋通報社が提供する記事を掲載してくれる新聞と契約を結ぶことであった。しかし、そのような新聞を見つけることはできず、やむを得ず、頭本は一九一〇年四月以降、英文雑誌の創刊を画策した。このための経費増額は認められ、『オリエンタル・リビュー』（Oriental Review）（月二回刊行、一五〇〇部）の刊行が開始されたのである[20]。

この一連の経緯を、米国側から見たとき、一九〇八年にスティーヴンズが暗殺されたことに端を発した日本の対米プロパガンダ方針の変更だと認識されていた。スティーヴンズは、一九〇四年（明治三七）一一月、大韓帝国の外交顧問にも就任したこともあり、一九〇八年三月、米国において韓国人により暗殺された。米国側は、スティーヴンズという適切なエージェントを失った日本外務省が頭本による直接的なプロパガンダに切り替えたと見たのである[21]。

ところで、渋沢は「渡米実業団」においてメディアとどのように接したのであろうか。メディアとの関係で見たとき、一九〇九年の「渡米実業団」の目的は、日米のエリート間交流を新聞報道を通じて米国世論に伝えるということであったと言える。渋沢はメディアを通じて対等な日米関係を喧伝しようとした。そこにはエリート主義的な色彩はもちろんあったが、メディアの向こう側に彼が見ていたのは日米両国の世論であり、時代の趨勢に適応しようとしていたと見ることができる。そのために、渋沢は、「新聞検閲掛」を設け、頭本元貞・石橋為之助・高石真五郎・西池成義の報道関係者諸氏を指名した[22]。特に頭本には、渋沢の公式演説の起草及び通訳を任せた。しかし、渋沢は「渡米実業団」の広報効果に必ずしも満足していなかったようである。この「渡米実業団」などの経験から、渋沢は、日本側が対外的に発信したいニュースが記者会見や個々の新聞社との接触だけではうまく広がらないことを痛感し、日本の発信力を強化する必要性を感じたとされる[23]。

三　「国際通信社」の設立

日露戦争後に日本の広報外交が失速する中で持ち上がったのが、日本の国際的な通信社を設立するという構想であった。日露戦争以前は記者を買収したり、親日派を育成したりして、ロイター・ネットワークに親日的な記事を流すことが可能であった。しかし、前述のように日露戦争後は日本への注目が高まり、欧米諸国が本国の需要を満たす情報を入手するため、日本政府に迎合しない人物を特派員として派遣するようになり、日本政府の「外国新聞操縦」は行き詰まりを見せていた。これを打破するために、日本人の手で日本のニュースを世界に頒布する通信社を設立しようとしたのであった。この動きが結実したのが一九一四年三月設立された「国際通信社」であった。同社は、英字紙『ジャパン・タイムズ』を兼営し、後に改組して「連合通信社」（一九二六年（大正一五）設立）、「同盟通信社」（一九三六年（昭和一一）設立）に発展した[24]。

設立時の「国際通信社」の代表は樺山愛輔であったが、実務を担当したのは前AP通信社東京特派員ケネディであった。ケネディはアイルランド生まれの米国人であったが、前述のように日本政府との協力関係にあり、これを問題視したAPが、ケネディにサンクトペテルブルクへの転勤を命じた。そのケネディを日本の国際的通信社設立構想に結びつけたのは高峰譲吉であった。高峰は、アドレナリンの結晶化で有名な科学者であるが、日米「民間」外交の立役者としても知られている[25]。ケネディと日本とのコネクションが断ち切られるのを惜しんだ高峰は、一九一三年（大正二）四月に開かれたケネディ主催の晩餐会において、ケネディを中核に据えた日本の国際的な通信社の設立を提案し、渋沢の協力を取り付けることに成功した。[26] 通信社設立の財政基盤を準備するに際して、渋沢の存在は不可欠であった。

一方、「国際通信社」が兼営することになった『ジャパン・タイムズ』においては、頭本が設立時から主筆であり、一九一一年から社長も勤めていた。同社は、同年一一月頃より経営危機に見舞われ、頭本は日米を往復して対処した。そして、その最終決着は恐らく新たに設立する日本の国際的通信社に『ジャパン・タイムズ』を売却するというものであったと考えられる。頭本と樺山との間に交わされた翌一九一二年（明治四五）四月の覚書が残っているが、それは両名による『ジャパン・タイムズ』の財産の引き継ぎに関するものであった。頭本と樺山の間に、『ジャパン・タイムズ』に関して、この段階から何らかの準備計画があったことを示す史料であると言える。[27]『ジャパン・タイムズ』の救済問題を起点として、すでに国際的通信社の設立構想が頭本・樺山間で共有されていた中で、ケネディの転勤話により、彼がこの構想に加わる形になったのではないかと推測される。[28]

したがって、「国際通信社」設立をめぐっては、関係者の思惑が入り乱れ、当初から内部対立を抱えていたと言える。樺山と頭本の間には共有する構想があったが、ケネディを構想に取り込んだことにより混乱が生じたのである。なぜなら、ケネディが、頭本が「国際通信社」およびその一部となった『ジャパン・タイムズ』に関与することを拒否したからであった。[29] 頭本は、日本が自らニュースを発信することを重視し、その手段として設立した『ジャパン・タイムズ』の存続に奔走してきた。彼にとって、「国際通信社」の設立は、赤字に苦しむ『ジャパン・タイムズ』を救済し、同通信社を通じて『ジャパン・タイムズ』のニュースを世界に配信するという起死回生の策であった。[30] 一方、ケネディは『ジャパン・タイムズ』を重視していなかった。[31] なぜなら、彼は日本からの発信を強化する必要をそれほど感じていなかったからである。そもそも、頭本の構想のように日本に都合のよい電報を外国へ向けて打っても、外国の新聞が掲載してくれるものでないことをよく知っていた。[32] ケネディには日露戦争以前のやり方が行き詰まっているという認識は薄く、これまで通り、日本びいきの外国人ジャーナリストをコントロールすればよいと考えていたのであろう。[33]

当時、国際的ニュース発信に関しては、帝国主義的な権益と絡んだカルテルが存在しており、実際に日本の発信力を強化することはそれほど容易にできることではなかった。英国のロイター、仏国のアヴァス、ドイツのヴォルフに米国のAPを加えた四者協定により、ニュースの配信にはそれぞれの独占地域が設定されていたのである。日本を含む東アジア地域はロイターの支配下にあった。もちろん、ロイターと協定を結ばなければ、このカルテルとは無関係にニュースを発信することは可能であるが、一方でほとんど影響力を持ち得ないことは明らかであった。したがって、ロイターのネット・ワークを利用しつつ、日本の発信力を高める必要があったのである。しかし、ロイターとの交渉を担ったケネディは『ジャパン・タイムズ』などの日本発のニュース自体を発信することを重視していなかったため、彼がロイターと結んだ協定は「国際通信社」がロイターの東京支社として活動する内容であった。[34] 前述のように、ケネディは日本政府の協力者であったので、日本政府の利益を犠牲にしてロイターに利益をもたらそうとしたとは考えにくい。むしろ、プロパガンダと受け取られやすい『ジャパン・タイムズ』を表に出さず、ロイターを隠れ蓑として日本の広報外交の成果を挙げようとしていたと見られる。[35] かつて、ケネディは、AP通信社の東京特派員として事実上、ロイターの特派員も配下に置き、東京発のロイター電報の選択に影響力を発揮していた。しかし、一九一二年にロイターが新しい特派員としてアンドリュー・プーレー（Andrew Pooley）を送ってきたためにケネディの影響力は低下していた。[36] これをシーメンス事件に絡んだプーレーの更迭問題を機に挽回しようと試みたのである。

しかし、ケネディの構想は樺山・頭本の構想だけでなく、牧野伸顕外相の構想とも明らかに対立していた。この

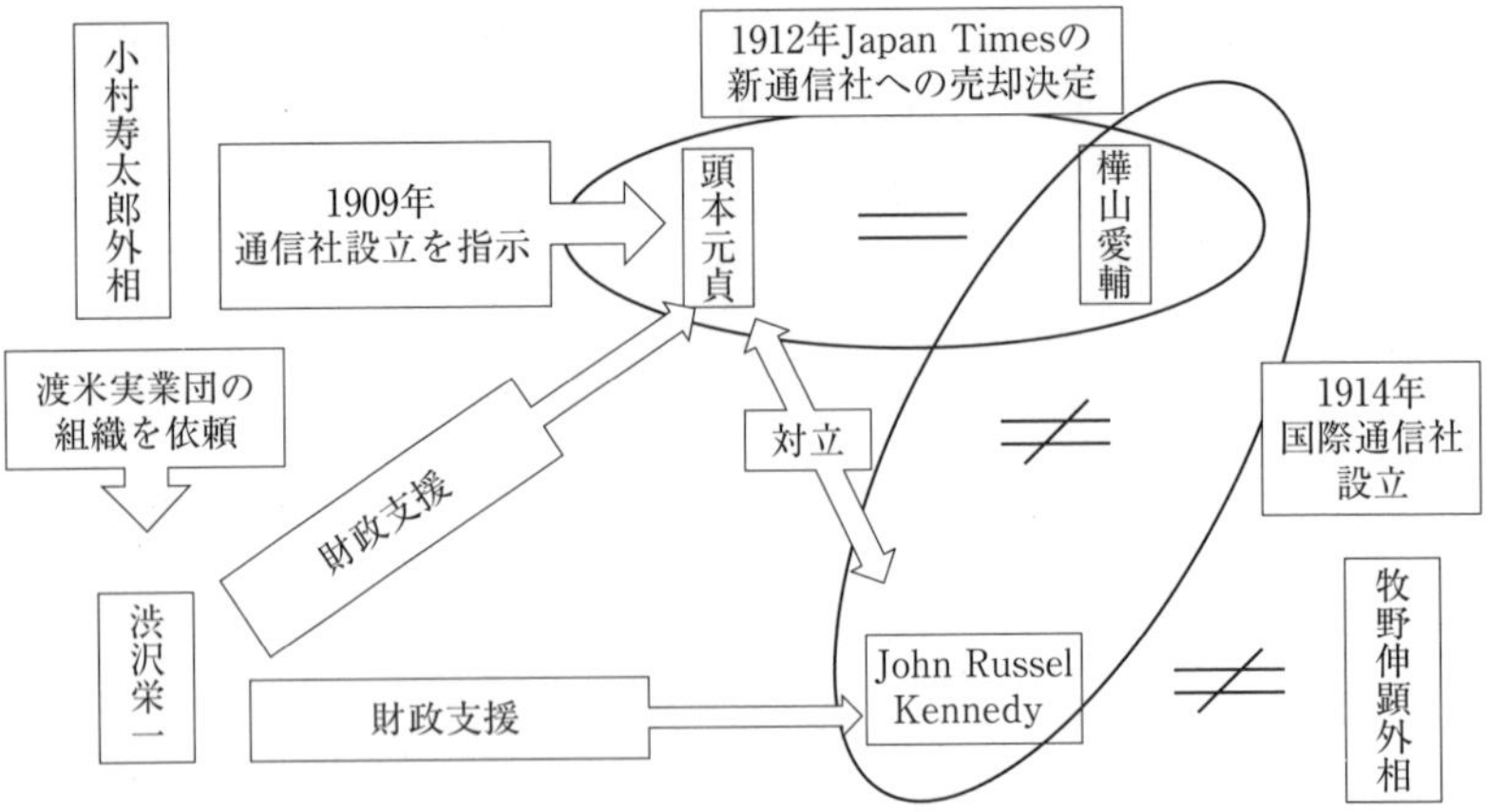

図１　「国際通信社」の設立をめぐる人物相関図

（出所）筆者作成。

ケネディのロンドンでの交渉を日本に伝える際には外務省電報が使われており、その内容に驚いた牧野外相は渋沢らに注意を喚起した。一九一一年八月末、桂太郎から西園寺公望への政権交代のため、外相が内田康哉に代わった。小村により導入された情報政策は、後継の内田によって効果なしとして打ち切られ、一九一二年一一月、東洋通報社は廃止されていた。しかし、第一次山本権兵衛内閣で牧野が外相に就任すると、再び日本外務省の広報外交は活発化を指向した。牧野は、小村と同じく外相として広報外交に積極的なタイプであったと言える。牧野は、一九一三年六月、日本人移民問題に関して、新聞操縦等の「プロパガンダ」が必要であると主張し、一二月にはサンフランシスコとニューヨークにパブリシティ・ビューローと啓発運動の二部門を設けることを決定した[37]。そして、牧野は、日本の国際的通信社設立にも日本の発信力強化の観点から大いに期待していたのである。

しかし、結局のところ、ケネディから電報で契約の可否を打診された渋沢はこれを承諾した。世界に影響力を与えるために、ロイターとの協定は不可欠であったためである。この点は、後に「連合通信社」への改組を主導し、日本の発進力強化に力を尽くした岩永裕吉も高く評価している[38]。ケネディが新たに設立される日本の国際的通信社の代理人としてロイター本社と結んだ契約は、日本国内全てのロイターとの契約を一本化するものであった。これはロイターとしては大変手間が省け、なおかつ高額の収入が保障される非常に有利な条件であったが、他方、「国際通信社」も日本国内に対してロイター電の独占権を持つことになる点で情報統制の面で重要な意味を持っていた。[39] 各新聞がそれぞれロイターと契約できる立場にあったとすれば、後に岩永が主導した「連合」への改組はより難航したにちがいない。大手各社も海外特派員を有しているとは言え、「国際通信社」がロイターとの契約を独占していたことは岩永にとって有利に働いたと考えられる。[40]

四　日本の国際的通信社の育成における渋沢の望み

本章で見てきたように、「国際通信社」設立は、日露戦争後の日本の広報外交の立て直しの中でおこなわれた。日本外務省においては、小村外相期、牧野外相期に広報外交に積極的な姿勢が見られたが、「宣伝」に消極的な外務省関係者もあり、必ずしも一貫性はなかった。「宣伝」に積極的な姿勢を見せた小村にしても、新聞記者との接触を回避する傾向があり、[41] 双方向のやりとりを避け、秘密裏に「言いたいこと」だけを新聞に取り上げさせようとした。このようなやり方が日露戦争期まではそれなりに効果を生んだように見えたのは、そもそも米国政府が黄禍論に批判的かつ興味を持たなかったことがあった。[42]

しかし、日露戦争後に日本の国際的地位が上昇すると注目も集めるようになり、これまで通りのやり方ではうまくいかなくなった。加えて、排日移民問題が生じ、これに対応する中で、渋沢はこれまでのやり方を変える必要があることを認識したのである。そもそも、金子堅太郎がすすめていたような、エリート交流によってエリート層の対日感情を良好に保つことで、庶民の生活に根ざす移民問題を処理することは難しかった。「渡米実業団」では日米エリート交流の米国世論への波及を図ったが、思ったほどには効果を発揮しなかった。渋沢は日露戦争後の変化の中で苦闘していたのである。

その中でおこなわれた「国際通信社」の設立は、伊藤博文の広報外交エージェントとの人的関係と古い考え方を引き継ぎ、当初から関係者間の対立を抱えて出発した。ケネディは従来通り東京発のロイター電報に影響力を発揮するという発想から脱することができず、日本独自のニュース発信、渋沢のいうところの自律性を意識することができなかった。一方、頭本は日本の頒布したいニュースのみを流通させようという発想から脱することができなかった。この日本に批判的なニュースを排除しようとする傾向は外務省関係者にも広く見られるものであった。[43]

その中で渋沢は比較的メディアの自律性を重視する立場にあった。渋沢は、日本が西洋のような文明国家になるためには新聞・雑誌を通じた言論が活発となることが必要であると早くから主張し、大蔵省時代の一八七二年（明治五）、製紙会社の王子製紙を設立した。また、銀行業界の業界団体である択善会を創設すると同時に情報の流通と共有を図るための機関誌も創刊した。[44] さらに、一八八二年（明治一五）頃、政党政治の基盤として、政治教育をおこなうという趣旨で、福地桜痴の『東京日日』に資金を提供することになり、渋沢も一万円ほど出資した。[45] しかし、一八九一年に、同紙を井上馨の自治党の機関紙にしようという話があった際には渋沢は反対した。メディアの自律性を重視し、政党政治を外から論じる役割を期待していたためであった。[46]

ケネディと頭本はどちらも渋沢の望みを実現することのできるパートナーではなかった。むしろ、関東大震災後、岩永裕吉が「国際通信社」の経営に本格的に参入することにより、ようやく渋沢の望みは実現に向かいつつあった。岩永は、渋沢同様、情報が国際政治を左右するような力を持つことを意識し、これを他国に左右されない自律性を重視していただけでなく、一方で日本政府からも一定の自律性を持つことが結局は日本のためになると考えていた。情報は、一定の客観性を認められてこそ受け入れられるものであり、それでこそ影響力を持ちうる。政府広報と同一視されるような情報は政府の意向を量る指標として以外の意義を持たず、広く受け入れられることもないということを岩永は認識していた。政府の批判や、日本の否定的な側面を報じるニュースを一切排除しようとする外務省の広報外交とは一線を画していたのである。しかし、岩永自身も政府とは密接な関係を保ち、「連合通信社」(「国際通信社」の改組により一九二六年設立)、「同盟通信社」(「連合通信社」の改組により一九三六年設立)の経営には政府からの補助金が大規模に投じられ、政府の方針に従うことを余儀なくされた。(47) その意味では、渋沢の望みは、「国際通信社」が「同盟通信社」として日本の発信力の強化に成功した後も完全にかなえられるには至らなかったと言える。

注

(1) 有山輝雄編『近代日本メディア史資料集成　国際通信社・新聞連合社関係資料』一巻(柏書房、二〇〇〇年)五〇〜五二頁。
(2) Tomoko Akami, *Japan's News Propaganda and Reuters' News Empire in Northeast Asia, 1870-1934*, (Dordrecht Republic of Letters, 2012) p.92
(3) 新聞社にニュースを提供する通信社(ニュース・エイジェンシー)は、一九世紀半ばの西欧で始まり、アヴァス(仏)、ヴォルフ(独)、ロイター(英)三社による激しい競争の末、三国の植民地や政治・経済圏に従って世界を分割し、それぞれの地域での独占を認め合うカルテルを結ぶに至った。一八五九年以来、何度も結ばれ、一八七〇年の協定でアメリカのAPを加えた。日本を含む極東はロイターの独占地域であり、ロイターを介さずに情報を発信・受信をおこなうことは事実上不可能であった。有山輝雄『情報覇権と帝国日本』(吉川弘文館、二〇一三年)三一〜三七頁。
(4) Tomoko Akami, *Internationalizing the Pacific*, (London, Routledge, 2002) pp.77-82. 酒井一臣「渋沢栄一の「国民外交」渡米実業団を中心に」(『渋沢研究』二六号、二〇一四年一月)一三〜二八頁。
(5) 大谷正『近代日本の対外宣伝』(研文出版、一九九四年)。大谷正「在米日本公使館「書記官」D・W・スチーブンスについて——大隈外相期と陸奥外相期に限定して」(『メディア史研究』三六巻、二〇一四年九月)。
(6) 松村正義『日露戦争と金子堅太郎』(新有堂、一九八〇年)。松村正義『ポーツマスへの道——黄禍論とヨーロッパの末松謙澄』

（原書房、一九八七年）。

（7）長谷川進一『ジャパンタイムズ　ものがたり』（ジャパン・タイムズ社非売品、一九六六年）五〜九頁。Peter O'Connor, *The English-language Press Networks of East Asia, 1918-45,*（Leiden: Global Oriental, 2010）pp.30-35.

（8）894.20211/68, 1921/10/20, reel 14, *Records of the Department of State Relating to Internal Affairs to Japan, 1910-29,* 東京大学アメリカ太平洋研究センター所蔵（以下、*Internal Affairs* と略記する）。

（9）O'Connor, *op.cit.*

（10）『東京朝日』一九一〇年三月一〇日付、三月一四日付。佐藤純子「国際通信社の設立と日本情報」（小風秀雄・季武嘉也編『グローバル化のなかの近代日本』有志舎、二〇一五年）二七五〜二七七頁。

（11）八十島親徳日録一九一〇年三月二五日（『伝記資料』三九巻、四六頁）。『東京朝日』一九一〇年三月一五日。

（12）Melville E. Stone, *Fifty years a journalist,*（Garden City, New York, Toronto; Doubleday, Page and Campany, 1921）pp.37-39. 伊藤との交遊は生涯続いたが、会ったのはこのときだけであったという。

（13）西山武典「解題」（前掲、有山編『近代日本メディア史資料集成　国際通信社・新聞連合社関係資料』二九〜三九頁。Stone, pp.286-296.

（14）『東京朝日』一九一〇年五月一一日付、六月一一日付、七月一一日付。

（15）前掲、大谷『近代日本の対外宣伝』三三八〜三四四頁。駐日米国大使館は、五月二七日の米友協会（America's Friends Association）での頭本のスピーチにおいて頭本が日露戦争時の外国人ジャーナリストへの日本政府の対応を批判したことを報告している。711.94/149, 1910/5/31, *Records of the U.S. Department of State relating to political relations between the United States and Japan, 1910-1929,* 一橋大学経済研究所所蔵（以下、*Political Relations* と略記する）。

（16）大谷正「国際通信社設立の前史——清国新聞電報通信とニューヨークの東洋通報社について」（『メディア史研究』一六巻、二〇〇四年四月）一〜一八頁。

（17）高橋勝浩「日露戦争後における日本の対米世論工作」（『国史学』一八八号、二〇〇六年三月）。

（18）711.94/149, *Political Relations.*

（19）前掲、大谷「国際通信社設立の前史」一二頁。

（20）前掲、大谷「国際通信社設立の前史」一三頁。前掲、高橋「日露戦争後における日本の対米世論工作」四三頁。

（21）894. 2021I/68, *Internal Affairs*. 前掲、大谷「在米日本公使館「書記官」D・W・スチーブンスについて」一五頁。

（22）『伝記資料』三二巻、七五頁。

（23）ジャパン・タイムス社『ジャパン・タイムス小史』（ジャパン・タイムス社、一九四一年）四三頁。

（24）戦前期の日本の情報政策に関しては、有山輝雄『情報覇権と帝国日本』Ⅰ～Ⅲ（吉川弘文館、二〇一三～一六年）、および下記を参照。Tomoko Akami, *Japan's News Propaganda and Reuters' News Empire in Northeast Asia, 1870-1934, Soft Power of Japan's Total War State: The Board of Information and Domei News Agency in Foreign Policy, 1934-45*, (Dordrecht Republic of Letters, 2014).

（25）松村正義『国際交流史』（地人館、一九九六年）一七五～一七六頁。

（26）高峰譲吉「青淵先生をこがれ慕うて」（『竜門雑誌』三六〇号、四九～五七頁、一九一八年）（『伝記資料』四二巻、六四七～六四八頁）。岩永裕吉「渋沢子爵と国際的新聞通信事業」（『伝記資料』五六巻、六六三頁）。前掲、長谷川『ジャパンタイムズ　ものがたり』五九頁。

（27）前掲、有山編『近代日本メディア史資料集成　国際通信社・新聞連合社関係資料』。

（28）有山は、「国際通信社」による『ジャパン・タイムズ』の兼営をケネディの構想であるとし、『ジャパン・タイムズ』のニュースを国際的に流通させようとした発想に無理があり、『ジャパン・タイムズ』の赤字が「国際通信社」の財政が圧迫したと批判している（前掲、有山『情報覇権と帝国日本』Ⅰ、三三六～三四八頁）。しかし、佐藤純子は『ジャパン・タイムズ』の兼営はケネディの意思ではなくやむを得ず受け入れていたと解釈し、ケネディ再評価を試みている。前掲、佐藤「国際通信社の設立と日本情報」二七〇～三〇七頁。『ジャパン・タイムズ』の救済問題を起点としてすでに存在していた国際的通信社の設立構想に、ケネディの転勤話が追加されたとすれば、『ジャパン・タイムズ』の兼営がケネディの構想でなかったにもかかわらず「国際通信社」が設立時に基本方針としていたことを矛盾なく説明できる。

（29）前掲、佐藤「国際通信社の設立と日本情報」二九五頁。

（30）有山も、『ジャパン・タイムズ』経営難打開策として、頭本が英字新聞発行と新通信社を結びつけようと計画したことはありえることであった、と述べている。前掲、有山『情報覇権と帝国日本』Ⅰ、三二一～三二二頁。

（31）前掲、佐藤「国際通信社の設立と日本情報」二九三～二九五頁。

（32）伊達源一郎「国際ニュースの変転」（電通編『五十人の新聞人』電通、一九五五年）三〇頁。

（33）実際、ケネディは一九一四～一五年の東京発のロイター電の選択にかなりの影響力を発揮していた。Harry Emerson Wildes, *The Press and Social Currents in Japan*,（Chicago; University of Chicago Press, 1927）pp.169-178. ワイルズは、一九二〇年代、日本で教鞭を執っていた人物で、本書は当時の新聞・雑誌記事や日本でのインタビューに基づいて執筆され、ペンシルヴァニア大学に一九二七年に提出された社会学の博士論文である。O'Connor, pp.38-42. しかし、米国国務省も指摘しているように、「国際通信社」が影響力を与えることができるのは東京発のロイター電に限られたので、中国においては「東方通信社」を用いて、別途、宣伝工作をおこなう必要があった。894. 20211/68, p.8. *Internal Affairs*.

（34）前掲、有山『情報覇権と帝国日本』Ⅰ、三二七～三三一頁。

（35）この点、有山のケネディ評価は低く、彼をモラルを欠く人物と見ているようであり、逆に佐藤のケネディ評価は大変高く、彼を潔癖で中立的な人物と見ているが、どちらもやや極端な評価であると言えよう。同前、有山『情報覇権と帝国日本』Ⅰ、三三一頁。前掲、佐藤「国際通信社の設立と日本情報」二九三～二九六頁。

（36）O'Connor, p.38.

（37）前掲、松村『国際交流史』一八四～一八九頁。

（38）前掲、岩永「渋沢子爵と国際的新聞通信事業」。

（39）オコーノも指摘しているように、タイムズ、モーニングポスト、マンチェスター・ガーディアンの特派員および電通・ＵＰによる独自の発信はあったが、全体から見ると限定的であった。O'Connor, p. 41.

（40）一九一五年に「国際通信社」に入社した伊達源一郎は、入社最初の仕事がロイター・ニュースを「電通」から取り上げることであったと述べている。「電通」はこれを機に米国のＵＰ通信社と結び、「国際通信社」と外電において競争しようとした。前掲、伊達「国際ニュースの変転」三〇頁。

（41）松村正義『日露戦争と日本在外公館の〝外国新聞操縦〟』（成文社、二〇一〇年）二六頁。

（42）廣部泉『人種戦争という寓話――黄禍論とアジア主義』（名古屋大学出版会、二〇一七年）二二八～二三一頁。

（43）Yoshie Takamitsu, "Improving US-Japanese Relations through Roy W. Howard, Dentsu, and the Osaka Mainichi", *The Japanese Journal of American Studies*, no. 29,（June, 2018）pp.131-133.

（44）中村宗悦「イメージの収斂と拡散――多様化するメディアと渋沢像」（平井雄一郎／高田友和編『記憶と記録のなかの渋沢栄一』法政大学出版局、二〇一四年）二一四頁。

(45) 渋沢栄一『澁澤榮一自敍伝』(偉人烈士傳編纂所、一九三七年)七八三頁。竜門社編『青淵先生六十年史』二巻、竜門社、七〇〇～七〇一頁(一九〇〇年六月再版刊)(『伝記資料』二七巻、五五三～五五五頁)。

(46) 同前、渋沢『澁澤榮一自叙伝』。

(47) 岩永が「国際通信社」のことで、樺山の書状を持参して渋沢を訪ねたのは一九二一年一二月九日であった(『伝記資料』三三巻二四一頁)。樺山らが「国際通信社」のテコ入れを企図したものであったが、ケネディは再び抵抗を試み、岩永自身が本腰を入れて同社の仕事に関わるのは、関東大震災により「岩永通信」の継続が困難となった後であった。Akami2012, pp.154-301.

コラム1

渋沢栄一のブラジル植民事業支援

名村優子

ブラジルに最初の日本人移民が渡った一九〇八年（明治四二）は、日米間で移民の渡航を制限する日米紳士協定が成立し、朝鮮半島での拓殖事業を担う東洋拓殖株式会社（東拓）が設立された、日本移植民史の画期をなす年であった。この翌年、渋沢栄一は古希を迎え、第一銀行など一部の企業を除いて実業からの引退を表明した。晩年の渋沢はブラジル移植民事業とどう関わったのだろうか。

ブラジル移植民に関連する団体・機関のなかで、渋沢との接点が確認できるのは図2の団体である。これらは、移植民推進団体、移植民会社・移住組合、移植民教育機関に大別できる。この団体・機関に対し、渋沢は顧問や名誉会員、株主、寄付者といった形で関わっていたが、事業を主導する立場にはなかった。しかし団体の事業内容や渋沢の発言から、渋沢が移植民事業において重視した要素が見えてくる。

移植民推進団体

日本移民協会は、カリフォルニア州で外国人土地法案が成立した翌年の一九一四年（大正三）に大隈重信を会頭、添田寿一を副会頭として設立された。同会の設立総会において渋沢は「近頃亜米利加に往つて居る移民に就いて種々なる紛議が生じたと云ふは人種の関係もありませう、宗教の差異もございませう、政治的の事も無いとは言はれぬか知らぬが、併し現に米国移住の人々の行状若しくは心掛の善くなかつたと云ふことが大いに其排斥の声を高めたと云ふことである（中略）此移民協会があつて前以て此点に注意して移住の前によく其移民に注意を与へると云ふことを致したならば排斥の声もなく無事に済んだかも知れぬ」と述べている（『伝記資料』五五巻六五八頁）。つまり日本人移民の行状が米国での排斥運動を招いた一因であり、これを繰り返さぬためには移植民を教導する同会のような機関が必要だと認識していた。新たな移植民先を模索する一方、北米での教訓を踏まえて、渡航前教育による移民の資質向上を目指す渋沢の姿勢が窺える。

移植民会社・移住組合

図2の企業・機関は日本の移民政策と深く結びついており、東拓、海外興業株式会社（海興）、海外移住組合連合会は移植民送出の実務機関として設立された。また伯剌西爾拓植株式会社（伯拓）は大浦兼武や桂太郎、南米拓殖株式会社（南拓）は田中義一といった政治家の支援のもと、実業界へ出資を呼びかけて設立された。このうち東拓は直接ブラジルに関わっていないが、ブラジルへの移民送出を一手に担った海興の親会社であった。

上記の海興以外の企業・機関は、出稼ぎ移民の送出ではなく、開拓植民（殖民）事業を手掛ける団体である。政治的従属関係に基づき勢力圏外への移動を「移民」、勢力圏内への移動を「植民」とする理解とは別に、ブラジルにおいては既存の農場に労働者として入るのは「移民」、土地（多くは未開拓地）を購入し自作農として入るのは「植民」と区分されていた。戦前期、日本からブラジルへの渡航者はコーヒー農園への移民が大多数を占めた。一方伯拓の開設した桂植民地（後にイグアッペ植民地に編入）に始まる植民事業においては、戦前ブラジルへの日本人渡航者数のうち、四％程度が渡航したに過ぎなかった。ブラジルへの植民事業は日本人の量的発展にあまり貢献しなかったといえる。しかし一九二四年（大正一三）、米国の「排日移民法」成立を挟んで四～六月に開催された帝国経済会議において、日本政府は移民渡航費の国家補助といった送出奨励策とともに、現地社会への同化促進と移植民先への資本投下を伴った植民事業推進政策を打ち出した。これ以降ブラジルへの投資事業や植民事業が活発化し、後に日系社会の核となる組織が誕生した。なお、海興は伯拓との合併により植民事業に着手したが、事業の中心はあくまで移民送出であった。渋沢は伯拓の名誉顧問を務めたが、渋沢と海興の直接的な関係を示す記録は確認できなかった。

渋沢は「元来幕府の制度から言ふと所謂人宿とか人入れとか云ふやうなものは一種の極く卑下した事業であつた、（中略）、移民会社と云ふものも夫れと同様と見做された様に思はれる」と述べるなど、労働力移動のみを担う移民会社には批判的であった（『伝記資料』五五巻六五七頁）。一方イグアッペ植民地については「此際殖民事業を奨励し、多数の大和民族を海外に移殖して富源を開拓せしめ、漸次相当の資産を作らしむるに於ては、彼等が年々本国の物品を購買するのと、一面其送金額の逓増に依りて、幾分にても貿易逆調の大勢を緩和せしめる事が出来るであらう」と事業への期待を語っている（『伝記資料』五五巻五六九～五七〇頁）。つまり渋沢は、資本投下を伴い、定住を目指す開拓植民事業にあるべき海外発展像を見出し、事業に関わっていたことがわかる。

移植民教育機関

図2の移植民教育機関のうち海外植民学校と日本力行会海外学校は、渡航希望者に移植民教育を授けて海外に

送り出した機関である。一方聖州義塾はブラジル・サンパウロ州で日本人子弟を集めた寄宿制教育機関である。このうち、南米向け移植民教育機関の嚆矢であり、渋沢との関わりが深い海外植民学校について述べたい。

海外植民学校は一九一八年（大正七）荏原郡世田谷村下北沢に開設された。苦学生支援団体を主宰していた崎山比佐衛が、約二年間の南北米視察旅行の結果、苦学生のみならず日本人全般の海外発展適地は南米であると考え、森村市左衛門や渋沢といった政財界の有力者の支援を得て学校建設に至った。設立目的に「開国進取の国是に則り植民に従事せんとするものに必要なる学科を授くると共に独立自営の精神に基き実務に従事せしめ、実際に其人格を修養鍛錬せしめ学術と実務兼備の人材を養成せしむる」とあるように、植民に従事する実務者の育成を目指した（「私立学校設立認可申請書」）。

教育課程としては本科三年と別科一年があり、修身（聖書講読）、語学（英語・スペイン語・ポルトガル語）、植民学といった科目が設けられた。また、同校の卒業生が渡航する南米地域では、日本人男女比の不均衡により独身男性の結婚難が深刻であった。結婚できなければ「植民の目的である永住して永遠の計は樹てられない」との認識から、一九二八年（昭和三）に女子部を開設し、渡航前教育を授けて海外に送り出した（「海外植民学校女子部趣旨」）。

渋沢は設立準備期の一九一六年（大正五）から没年まで同校の顧問であり、学校設立時に一〇〇〇円、以降毎年一〇〇〜三〇〇円を寄付していた。また、毎年同校の卒業生を飛鳥山に招待し、訓話を述べ茶菓を供する茶話会を開いた。訓話の際は、論語の「言忠信、行篤敬ならば、蛮貊の邦と雖も行はる。言忠信ならず、行篤敬ならざれば、州里と雖も行はれんや」を好んで引き、餞の言葉としたという（『伝記資料』五六巻七〇四頁）。

渋沢が関わった海外植民学校と日本力行会海外学校には、キリスト教主義、苦学生支援、渡航先への定住指向、女性の渡航推奨といった共通の特徴がみられる。両校の教育方針は「植民」を実践する人材の育成に直結しており、渋沢の「植民」を重視する意向に合致している。また、キリスト教団体による社会事業や女子教育の重視といった特徴からは、渋沢の関わった他の社会事業との共通点が見出せる。

ブラジル植民事業に対する渋沢の先見性

渋沢が上記の団体に関わった一九一〇〜二〇年代は、日本人移民の主要な行先が米国からブラジルへ変わり、日本の移民政策が、単なる労働力輸出の追認から、投資や移住先社会への定住と同化を意識したものに変化していく年代であった。

渋沢は北米での移民排斥に対する活動や、朝鮮・中国などで投資・インフラ整備事業を手掛けた経験から、ブラジルの植民関連事業の重要性を認識して支援した。そ

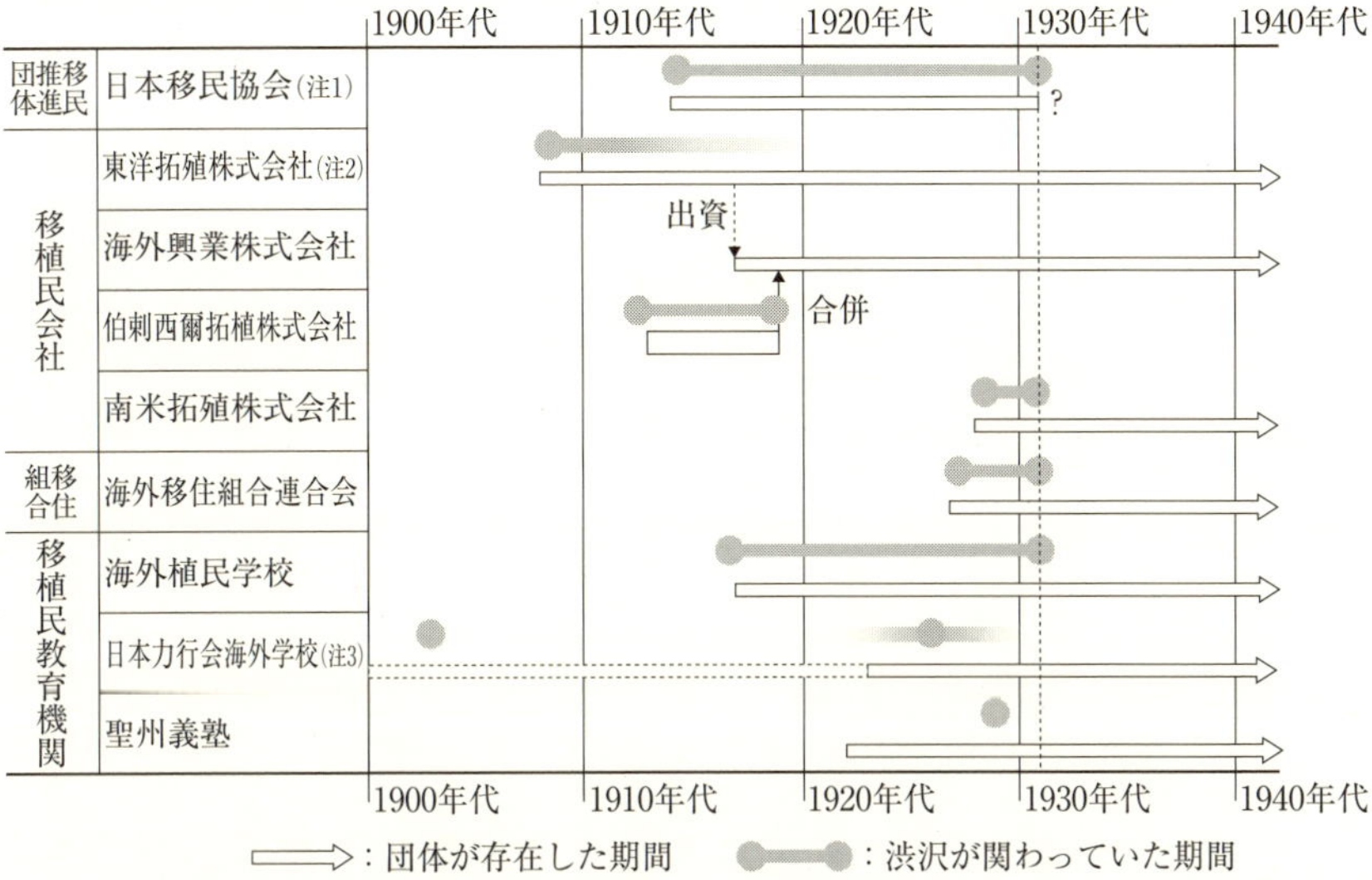

（注１）『拓務要覧』に日本移民協会の名が見出せるのは昭和五年版まで。
（注２）渋沢は東拓設立時に設立委員等を務めたが、以降は株主のみ。1922年の「株主氏名表」に渋沢の名はなく、株を手放した時期は不明。
（注３）日本力行会海外学校は1923年設立だが、設立母体の日本力行会は1895年に発足。渋沢は1903年同会主催の慈善音楽会の賛成者。

図２　渋沢栄一が関わったブラジル移植民関係団体

（出所）『日本移民協会報告』、『拓務要覧』昭和四～一〇年度版、『東洋拓殖会社』、『海外興業株式会社小史』、『実業家とブラジル移住』、『崎山比佐衛伝』、『日本力行会百年の航跡』、『伝記資料』三八巻・五四巻・五五巻・五六巻、「株主氏名表」、「私立海外植民学校設立者崎山比佐衛履歴書」より筆者作成。

れは片桐（二〇一〇）が指摘したように、これまで関わってきた事業や団体支援同様、新分野であるブラジル植民事業の国家的・社会的重要性や必要性を理解した上での関与であった。最晩年に差しかかった渋沢は、事業を「やり遂げる」には至らなかったが、一九二〇～一九三〇年代のブラジル投資ブームを先導する役割を果たしたといえよう。

参考文献

海外興業株式会社『海外興業株式小史』（一九三五年）。

片桐庸夫「渋沢栄一と朝鮮」（『渋沢研究』二二号、二〇一〇年一月）。

黒瀬郁二『東洋拓殖会社　日本帝国主義とアジア太平洋』（日本経済評論社、二〇〇三年）。

渋沢栄一記念財団研究部編『実業家とブラジル移住』（不二出版、二〇一二年）。

拓務大臣官房文書課『拓務要覧』昭和四～一〇年版（拓務省、一九三〇―一九三六年）。

『伝統資料』三八巻、五四巻、五五巻、五六巻。

永田稠編著『ブラジルに於ける日本人発展史』下巻（ブラジルに於ける日本人発展史刊行会、一九五三年）。

日本移民協会『日本移民協会報告（復刻版）』（不二出版、二〇〇六年）。

日本力行会創立百周年記念事業実行委員会『日本力行会百年の航跡』（日本力行会、一九九七年）。

三輪公忠編『日米危機の起源と排日移民法』（論創社、一九九七）。

吉村繁義『崎山比佐衛伝　移植民教育とアマゾン開拓の先覚者』（海外植民学校校友会出版部、一九五五年）。

参考資料

「私立海外植民学校設立者崎山比佐衛履歴書」東京都公文書館所蔵。

「私立学校設立認可申請書」東京都公文書館所蔵。

「海外植民学校女子部趣旨」東京都公文書館所蔵。

「株主氏名表」外務省外交史料館蔵。

第六章　日本国際連盟協会と新たな国際問題への姿勢

飯森　明子

一　国際連盟に対する日本の認識

一九一八年（大正七）の一一月一一日は、四年余りにわたる第一次世界大戦が終戦した日、そして終戦から一三年後、奇しくも渋沢栄一の命日となる。渋沢は日本国際連盟協会（The League of Nations Association of Japan）（以下、連盟協会と略）会長として、最晩年の数年間、一一月一一日終戦記念日の演説をおこない、ラジオでも全国へ放送された。それらの演説で日本の一般大衆に向けて戦争の悲惨さを伝え、平和を構築するため自身の思いを呼びかけた。「最近私が衷心喜びに堪えないのは、国際連盟がその事業として、経済方面から世界の協調を図ろうとしておることであります。（中略）およそ国家が真正の隆治を希望するには、ぜひともその政治経済を道徳と一致せしめねばならぬものである。而して、国際間の経済の協調が、連盟の精神を以て行わるるならば、決して一国の利益のみを主張することはできない。（中略）経済の平和が行われて初めて各国民がその生に安んじることができる。而して、この経済の平和は、民心の平和に基を置かねばならぬことは、申すまでもありません。他に対する思いやりがあって、すなわち、自己に忠恕の心が充実して、初めてよく経済協調を遂げ得るのであります」（渋沢栄一「御大礼に際して迎うる休戦記念日について」（一九二八年（昭和三）一一月一一日ラジオ放送）『伝記資料』四八巻、二六五頁）。

総力戦となった第一次世界大戦の反省から、史上初めて恒久平和機関として設立された国際連盟だったが、その理念をそれぞれ国民に啓発するために、各国で非政府組織、国際連盟協会が設立され、各国の国際連盟協会が集まる国際連盟協会連合会（Union Internationale des Associations pour la Société des Nations）も一九一九年（大正八）設立された。のちに連盟協会も「本会は国際連盟の精神達成を以て其の目的とす」と謳い、国際連盟に関する調査研究、講演会開催、印刷物刊行、国際連盟協会連合会への参加のほか、「本会と目的を同じくする内外諸団体との連絡」を定款で定めている。

しかし、そもそも日本の政府関係者の国際連盟への認識は、国際連盟の設立前から十分な理解ではなかった。このことは牧野伸顕の講和会議参加前の回顧がよく語っている。牧野によれば「非常に耳新しく世間の人も吾々も感じて居」り、「当時から国際連盟に同意をせぬと、頭から会議に列席することは難しいというような感じだった」と国際連盟に対する国内の強い不安感を伝え、さらに「私がこの問題に対して一番厭な思いをしていたのは、国際連盟というのは、いずれそのために主権を束縛されるということになると思っていたことである。各国と行動を共にしなければならぬ、また、外国に対する義務を負わなければならぬというようなことが、いずれ起るであろう。自ら主権の働きを制約するようなことになっては甚だ面白くないという感じを持って居った」[1]と国家主権制限に対する強い警戒感があったのだった。

不安感や警戒感をぬぐえないまま、日本は設立当初から国際連盟に加盟し、英国、仏国、イタリアとともに常任理事国となり、新渡戸稲造国際連盟事務局次長（一九二〇（大正九）～二六年（大正一五））など国際連盟の幹部も輩出した。国際連盟の中枢に入った日本は、コルフ島事件[2]における欧州問題に対して欧米諸国の外から一定の調整役を果たしていく。

しかし一方で日本政府にとって国際連盟加盟の意味は、中国における日本の権益確保に有利なように列国からの支持を得るための組織として、と同時に国際連盟に未加盟の米国に対して、米国における日本人移民排斥を、列国の強い影響下にある元植民地などの新興独立国と共に、人種差別抗議への共感と支持を各国から得るための組織といえる側面も持っていた。

それゆえに恒久平和を目指す史上初の平和機関として国際連盟の存在意義を高く評価する人々にとってはもちろん、また国際政治における五大国の一員としての評価を確立したい外務省にとっても、国内に対する国際連盟の啓発活動は重要な課題であった[3]。のちに満州事変を機に連盟協会の活動は大きく性格を変えることになるが、渋沢の没後となるため、本章では扱わないこととする。

以下、連盟協会の設立過程、機関誌『国際連盟』『国際知識』などの出版物、会長としての渋沢の演説などから、一九二〇年代の連盟協会や国際社会に対する渋沢の姿勢を確認するとともに、連盟協会の限界についても考えてみたい。

二　日本国際連盟協会の成立

ジュネーブの国際連盟本部とも密接な関係を保持しながら、関連機関事務局の多くはパリにおかれており、各国の連盟協会を取りまとめる国際連盟協会連合会本部もパリに設置された。日本でも一九二〇年四月連盟協会が成立するが、その設立経緯においても、日本政府の国際連盟への消極姿勢がみられたのである。以下、やや詳しく見ていくことにする。

一九一九年一月パリ、三月ロンドンで国際連盟協会連合会の設立準備会が二度開催され、各国の代表者が参加した。日本はパリ講和会議には参加したものの、まだ同会への日本人の参加はなかった。同年一二月ブリュッセルでの第三回会議に、「本来各国における連盟協会の代表者に依り組織せらるる」[4]団体がなければ出席できなかったのだが、パリにいる日本人有志により本協会の設立について了解がなされた。そして、松井慶四郎駐仏大使ら外交官と滞在中の知識人らが急遽集められ「本邦に於て既に此の種の協会成立し居る旨を言明して帝国より始めて委員の列席[5]」として参加した。

松井大使は報告書の中で、「代表者を送らさるは帝国の為極めて不利なると同時に各国に於ける此の種協会は民間に於て組織せらるへきものにして政府の機関にはあらす[6]」と明記した。とはいえ、中国は早々に相応する協会をつくっており、日本が中国に遅れをとりたくないこと、「日本に有力なる此の種の団体なきことは恰も我国民に於て世界の平和問題に冷淡なるかの感を与へ自然列強の同情を失ふに至るなきやを恐る」、「就ては日本に於て速に有力なる民間の団体を組織し連合会議に際しては世界平和又は人道問題等に付き進て議案の提出をなすこと有益と認む[7]」。よって来年のローマでの第四回会議に参列のためには「夫れ迄に之か組織を実現するの必要あり、就ては此の種の協会設立に付政府に於て必要の指導補助を与へらるる様致し度し[8]」と述べている。春の第四回ローマ総会参加のために一日も早い設立が求められ、「表面上は協会の新設に非す単に既存協会の組合完成の趣旨を以て協議を進むること[9]」として、急遽、三月四日、打ち合わせが外務省条約局長室で開催された。日本政府による公式組織ではないが、国際社会にあらわれた新たな組織に乗り遅れないよう、必要な組織であると外務省も認識していたのである。

実は、すでに大日本平和協会（宮岡恒二郎）、帰一協会（姉崎正治）、国際法学会（寺尾亨）、国際日本学会（田川大吉郎）の四団体は、在仏会員などからの情報を得て日本における国際連盟協会の設立を試みていた。一九〇六年（明治三九）に設立された大日本平和協会は一般論としての国際平和を目指した団体として日本における嚆矢であり、渋沢も名誉評議員として関与していた。また姉崎は帰一協会を通じて渋沢とのつながりが深く、宮岡も渋沢が関与した日米関係委員会のメンバーで国際社会への関心も強い一人である。政府はこの四団体の動きに便乗して「大同団結を行ひ[10]」、大規模な協会を急ぎ設立することになったのである。直ちに三月一〇、二二、三〇日、四月五日と急ぎ相次いで会合を開き人選を進め会則を協議した。とくに二二日の会合には連盟協会の主要メンバーが揃った[11]。

四月一二日、発起人会案内状が各界のエリートへ送られた。そこには国際連盟の目的と精神には大いに賛同すべきで、そのために「国民的に努力を要すへき」であり、日本にまだこの種の協会が成立していないことは「国民外交の実行上遺憾大なるを感ずる次第」、よって「日本国民各方面における有力者の発起によりて国民的の国際連盟協会を設立致度」と四月二三日の発起人会開催を呼びかけた[12]。だが、この日の案内状に記載された発起人二二名の中に渋沢の名前はなかった。三月三〇日の会則案で初めて渋沢栄一の名前が、会長として書類に登場した。そして案内状発送当日の四月一二日、松田道一条約局長が初めて渋沢邸を訪問した。すなわち、外務省関係者や姉崎、阪谷芳郎、穂積重遠らが先に役員人事を固めてから渋沢に会長就任を要請したのである。このように発端は民から、しかしすぐに外務省の主導で連盟協会が発足したのち、渋沢ら財界や知識人の民間人も活動に関与することとなる。

しかし渋沢は、決して消極的に会長を承諾したのではない。渋沢は満場一致で会長に決定となった時、海外に開かれた日本として国際連盟を通じた戦争予防に期待したのであり、次のように語った。「国際的なことはよく知らないから断るべきであるとも云へるが、知らないから大いに勉強して知るやうにならねばならぬ故、引受けることは自分の為めであるとも云へる。殊に日本は東洋に偏在する一島国であるからとて国際的のことを知らぬではすまされぬ[13]」。ここには、まだ茫漠としているが、どのように日本が海外諸国とともに発展すべきか、国際社会との共存という理想を進める組織や方法の一つとして連盟協会に渋沢が期待していたことがわかろう。

渋沢は明治末期から平和を目指す民間団体にいくつもすでに関わっており、とりわけ第一次世界大戦前から東洋と西洋の宗教や倫理の統一認識を目指し、その活動を通して国際平和の実現を図ろうとしていた活動が、帰一協会である。[14] 渋沢はパリ講和会議に際して、帰一協会の会員でもあった添田寿一、姉崎を実情視察のために欧州へ出張させ、「其際に於ける私の意志は、将来真正の世界平和を予期するには、向後国際の道徳を向上をせねばならぬ、而して国際道徳の向上は、個人の徳義心に起因するから、両博士に依頼して、其点に就て内外の学説を講究して貰ひたい」と二人に伝えた（『伝記資料』三六巻、三七六頁）。姉崎も「一九一九年パリで講和会議が開かれるについては、青淵先生の配慮は実に尋常でなかつた。政治問題としての内容や各国国交の複雑な問題は別にして、今度の大戦の如き惨禍を世界の何れの部分ででも再演せしめない様にするにはどうすべきかといふのが、中心関心の事であつた。（中略）此際日本が世界の平和に貢献する様にする方法を講ぜよとの事であつた」と回顧し、さらに帰一協会の会員が連盟協会の創立にも深く関わっていたことについて、パリ講和会議中の初夏「添田博士と相談してパリに居る帰一協会々員を主とした会合を開き、自分のクラブで会談を重ねた。会合者は秋月大使、海老名弾正、田川大吉郎、深井英五の諸氏であったと記憶する。その結果、国際連盟を盛立てるのが世界平和の最良策であり、その為には日本国民が能くその意義を知り、精神から之に参加する様にするのが肝要だとし、その為に方策を講ぜやうといふを決した[15]」と帰国後渋沢に報告していた。姉崎も「此際此等諸団体と相協力し大規模にして権威ある協会を設立すること最も機宜の処置と認め[16]」と非常に連盟協会へ積極的な姿勢を示していた。

かくして連盟協会は設立当初から、帰一協会以外にも仏国留学経験者や日仏知的交流に積極的な法学を中心とする知識人が比較的多く集まった。また日米関係についても打開策を模索していた日米関係委員会や日米協会のメンバーも多い。キリスト教徒の田川らのほか、かつては日露開戦論を唱え、その後も中国大陸へ積極的な進出を求める寺尾もいた。それゆえ連盟協会の機関誌『国際知識』『国際連盟』の記事をみると、欧米からの寄稿のほか、日本人の外交官やジャーナリスト、軍関係者、法学者など、ほかにも女性活動家、社会主義やアジア主義に理解を示す人々も含まれている。連盟協会は一九二三年一一月一八八三名の会員を数え、国際社会に関心を持つ人であれば、地方居住者でも学生でも女性も加入できた。そのために、欧米諸国との関係を重視しつつ、中国やアジア地域に対して日本の政治的優位を強く求める人々も参加していたのである。その中で、初代会長として多くの分野に重層的に多彩な人脈を持つ渋沢の存在とその言動は、様々な国際団体の結節点としてその影響力を発揮した。

三　平和実現へのステップ

各国の連盟協会はその活動を「宣伝である、教育である、各種の文化問題である[17]」と伝え、国際連盟の啓発活動を重視していた。とくに一九二〇年代半ばには欧州の国際主義活動家クーデンホーフ＝カレルギー（Richard N. E. Coudenhove-Kalergi）や文学者アナトール・フランス（Anatole France）等の記事やエスペラント語などの紹介がなされ、連盟協会が国際平和への理想に寄与すると『国際知識』や『国際連盟』で積極的に論じられていた。なかでも第一次世界大戦後に新たに国際社会で取り上げられるようになったテーマをいくつか取り上げてみたい。

（1）経済発展と軍縮

軍縮は第一次世界大戦直後、各国の復興と平和実現には重要な課題として浮上していたが、それを国民が理解し実現するための行動として、渋沢は連盟協会でこの問題について何度も言及している。

まず連盟協会の発起人会で戦争について、「若し戦後精神的の点に於ても何等かの進歩を見ることが無い様であるならば、文明の進歩は人類の幸福の為に禍することとなるのではあるまいか、文明の利器を用ひて相殺戮することのみを専らする様では、神が人を作つた目的に反する訳ではあるまいかと、古い考へかもしれませぬが、かう云ふ考を抱いて居りました[18]」と渋沢は語る。

さらに渋沢は経済成長と貿易、軍縮の実施には日米英各国の協力が重要であり「未来の国運発展上にも世界的な知識を十分吸収して置かねばならない。白人が幅をきかす、アングロ・サクソンが威張ると云ふのも、知識が汎く道理を極めて居るからである。（中略）将来日本がどうなるか、又東洋がどうなるか判らぬが、（中略）鎖国的では駄目である。勿論連盟の力を絶対とすることは出来まいが、連盟の力で戦争の起ることを予め鎮めることだけでも出来るならば是非必要なものである」[19]と述べている。

一九二一年（大正一〇）度の軍事費は、歳出一五億六～七〇〇〇万円の約半分八億円に近くになっていた。軍縮は平和実現と財政上からも重要課題であり、ワシントン会議開催を前に渋沢も軍縮を強く支持した。渋沢は全国の商業会議所幹部を前にした会合で、結局、欧州大戦は「要するに経済上の力が遂に勝を制したといふてよからうと思ふ。（中略）露骨に申せば日英米三国が協力したならば問題も左迄困難ではなく解決するであらうと思ふ。何故我が政府が専心力を入れられぬのかと私は強く申し度い位である」[20]と渋沢は強く政府の姿勢を問うた。そして「生きた世の中に生きた人が生きた知識を以て働いて行き、然も戦はぬでも生きることが出来るといふには或る一種の方法が必要である。それには軍艦を作るよりも、台場を築くよりも、飛行器《ママ》よりも、潜水艇よりも、国際連盟が必要であるといふことは私の信じて疑はぬ所である。（中略）国際連盟規約をして完全に進展せしむるには、単に国際の平和を希望するばかりでは足りない。平和たらしむる方法を論ぜざるを得ぬのである。故に私の考へる所によれば国際連盟協会としても軍備縮小問題は随分論じ得る資格ありと思ふのである」[21]。

これらの演説から、実業界も国際連盟を戦争予防の可能性をもつ国際機関として支援すべきという渋沢の姿勢がうかがえる。そして戦後の経済復興、すなわち国家財政と企業活動の発展には軍縮が欠かせないこと、国民世論としても軍縮を支持すべきと、世論形成組織としての連盟協会の活動に渋沢が期待していたといえるだろう。

（2）アルメニア難民救済委員会

第一次世界大戦前後、極東の日本にとって新しく登場した外交課題の一つに、難民問題がある。政府の対応や渋沢のつながりについては本書コラム２「アルメニア難民救済と渋沢栄一の慈善事業」で論じているが、ここではアルメニア難民救済委員会の事務局が連盟協会事務所内におかれ、同委員会の活動を機関誌で報じていたことを紹介する。

一九二二年（大正一一）二月、「アルメニヤ難民救済委員会」が組織された。直ちに一六名からなる委員会を始動させ、青年会館での活動写真会や、米国の近東救済委員会リンカーン・エル・ワート（Loyal Lincoln Wirt）の横浜、名古屋、京都、大阪、神戸の各地での講演会を同月末まで開催した。ワートは、アルメニア難民に対する「諸君のかかる同情は啻に死に瀕しつつある数十万の同胞に幸福を齎すのみならず、日米両国の関係を一層緊密ならしめ、好意と尊敬とを以て両国を結合せしめる事となるであらう[22]」と講演会で呼びかけた。

同年五月末までに累計一二二八円七〇銭の寄付が集まり、まだ寄付を集めていること、難民救済の美談がいくつか紹介され、「一匿名氏はアルメニヤ難民救済費の一部たらしむべく金一円を寄付せられた同時に露国難民に対しても大いなる同情を表しアルメニヤ救済委員会に宛てて之が救済運動をも開始せられん事を要求して来た[23]」という。ここには一般論として「難民」への日本国内の関心をもたらす可能性もあったことが示唆されている。八月には約八〇〇〇円を送金し、さらに一万円以上の募集を続け、また仏教界にも同会は宗教を超えて寄付を働きかけ続けた。

結局、同会は翌一九二三年（大正一二）三月末事業を打ち切ることになった。アルメニア難民救済の寄付金募集には有力新聞の記事や協力もあったが、渋沢の多国間関係への関心や連盟協会への関与があって、寄付活動が可能になったといえよう。

（3）関東大震災と国際社会

連盟協会では設立まもなくから特定のテーマを設定した「パンフレット」シリーズを一九三二年（昭和七）頃まで刊行して啓発活動を続けた。序章で紹介したカントの『永遠平和論』初訳もそのシリーズの一冊である。

一九二三年九月関東大震災が起きると、国際連盟からも世界各国からも続々と支援が届けられた。その報告を兼ねて、『国際知識』の特集号（一九二三年一一月号）や「パンフレット」が刊行されたが、中には被災者の生活再建を兼ねて、積極的な植民地政策や移民推進政策に言及する論評もあった。

その一方で、海外からの支援を国際主義や国際社会の共助の表れと感謝しつつ、国際平和実現への活動につながると評価するものもあった。たとえば文部大臣岡野敬次郎は「『少しばかりの愛国心は人を国家主義に導くが偉大なる愛国心は却つて国際主義に導く』という諺があるが誠に然りで、（中略）感謝は感謝のみに終つてはならぬ。そこより湧き出づる国際親善の精神、協力の思想がむしろ重要である[24]」と論じている。

渋沢も海外からの支援を感謝し、「殊に支那は恰も排日運動を行つてゐる最中にも拘はらず、震災の報一度伝はるや、南北を通じ、昨日の排日論者は直ちに今日の義捐者となつた。実に思ひがけない変わり方である。（中略）世界は未だ完全なる平和の域に達して居らぬ。暗雲は時として此処彼処に低迷する、而も『人道』と云ふ大慈悲心は、人種の異ると国籍を別にするとを問はず、二つなきものである事を今度の我が国の不幸が私共に明示して呉れたやうに思はれる[25]」と、とくに中国の支援を評価した。

しかしながら、関東大震災は被害の大きさと海外からの支援の大きさから、かえって軍関係者たちの海外への警戒感をもたらすことになり、復興に際して、「日本人としての精神論」や天皇中心主義を叫ぶ契機になったことも留意しておきたい[26]。

四　連盟協会における「国際主義」の限界

設立から時間がたつと、国際連盟は一九二〇年代後半の日本にとってけっして楽観視できる組織ではなくなっていた。このころの日本にとって大きな外交課題のひとつは米国における排日移民問題であった。渋沢もそれまで日米関係において貿易促進と相互理解を進めるために日米協会や日米関係委員会、太平洋問題調査会（Institute of Pacific Relations：IPR）などにも積極的に関与支援してきた。外務省関係者にとってもまた、人種差別と移民問題を多国間で共有できる問題として考える場として、米国政府が加盟していない国際連盟ではなく、各国国民を組織し啓発する連盟協会がふさわしいと考えるようになっていた。

それは後に一九二四年（大正一三）排日移民法が米国で成立した後も確認できる。幣原喜重郎外相が国際連盟協会連合会総会に出席する杉村陽太郎国際連盟事務局次長に日本の世論が激高していること、これまでの日本の努力を国際連盟協会連合会総会で説明し、各国連盟協会の理解を得るように努力することを命じ、かつ「支那二十一ヶ条問題との関係上、公然と之を提出を絶対に不可とするの事情もあらは適当なる手段により我趣旨を十分に徹底せしむるよう(27)」指示した。杉村も「我民族の世界的発展に対する最大の障碍は彼の忌むへき差別的待遇である」、「国としては五大国の一に推され、個人としては有色人種と蔑視せらるる矛盾と不合理とを何時迄忍ひ得へきか、（中略）連盟協会は此意味に於て須く我平和戦の急先鋒を以て自在すへきてある(28)」と報告するように、連盟協会設立以後も、日本政府の姿勢には変化がなかった。やがて国内の対米世論を硬化させ、日本の自国優先論へと転換させていくが、それはもっとも「国際主義」に近いと想像させる連盟協会の姿勢にも表れる。

種々雑多なメンバーの集まりであったため、他の団体にも加入していた「国際主義」者が米国の排日移民法成立に落胆すると同時に、アジア主義の流れを汲む人々の存在が浮上する。やがて連盟協会機関誌の記事は、国際連盟の啓発と同時に、国際連盟に対する日本政府の姿勢を表明する場となり、満州事変後の日本を中心とする東アジア地域圏構想の一助となるのである。

一九二〇年代半ばに外務省から連盟協会に入った実務担当者赤松祐之は、以前からアジア主義的傾向をみせていたが、満州事変直前から顕著となる機関誌「巻頭言」の論調変化も赤松の編集から説明される。その結果、一九二〇年代の「国際主義」の流れの中で声を潜めていたアジア主義者たちに連盟協会が活動の場を与えたのである。一方で、連盟協会の啓発活動や欧州文化の紹介、グローバルな指向を顕著に示していた社会主義者や欧州知識人の翻訳記事、エスペラント語運動の紹介などはいつしか排除された。

こうしてみると、連盟協会は設立前からの外務省主導は明らかであったが、日本と相手国の二国間関係ではなく、多国間の中の日本、国際社会の中の日本という発想をより具体的に持っていた団体であったといえよう。それゆえに、もともと国際連盟が抱えていた米国の非加盟や主要国の植民地独立問題や人種差別問題、これに世界的な経済の停滞や各国の保護主義政策が加わると、当初から潜在していたアジア主義や国家主義が容易に顔を出すことになる。

それでも連盟協会は第一次世界大戦後の国際社会の問題について、都市や地方のエリートに限らず、学生や女性を会員に含む大衆への啓発活動を進めた団体であったこと、さらに従来の講演会開催や定期刊行物だけでなく、特集テーマのパンフレット刊行やラジオという新しいメディアを駆使したことは、ほかの国際主義団体の活動と比べても特筆できるだろう。

渋沢の国際社会に関連する活動の中では、連盟協会は日仏交流や欧米文化の理解者たちがまずは欧州を指向し、米中以外の諸国をつなぐべく、結節点のような組織であり、渋沢はまさにその主軸であった。しかし満州事変が発生し、さらにその直後一一月渋沢が没すると、連盟協会の活動方向転換を止めることはできなくなったのである。

注

(1) 牧野伸顕『回顧録』下巻(中央公論社、一九七八年)一七四~一七五頁。

(2) コルフ島事件は、一九二三年八月、ギリシア・アルバニア国境紛争調停のために送られたイタリア代表団が何者かに殺害されたことに端を発し、イタリア政府はギリシアを攻撃してコルフ島を占領した。これに対しギリシアは国際連盟に提訴、連盟理事会では両国に事実上利害のない日本が理事会議長を担当した。結果として、組織的武力行使は限定的であれば許容されるという国際法上の先例となったといわれる。

(3) 国際連盟協会については、緒方貞子「国際主義団体の役割」(細谷千博ほか編『日米関係史 開戦に至る十年 三 議会・政党と民間団体』(新装版、東京大学出版会、二〇〇〇年)、池井優「日本国際連盟協会——その成立と変質」(『法学研究』六八巻二号、一九九五年二月、池井優「日本国際連盟協会——その光と影」(『外交時報』一三三六号、一九九七年三月)、山形誠一「国連普及運動の五十年」Ⅰ・Ⅱ(『国連』四七巻六号、四七巻九号、一九六八年六月、九月)、岩本聖光「日本国際連盟協会——三〇年代における国際協調主義の展開」(『立命館大学人文科学研究所紀要』四七巻六号、四七巻九号、二〇〇五年三月。同時期の国際交流団体との連関について飯森明子「戦間期日本における国際交流団体の連携の模索」(『常磐国際紀要』一四号、二〇一〇年三月)を参照されたい。

(4) 「国際連盟協会ノ設立及完成ニ関スル相談会ノ経過要領」「国際連盟協会関係一件 (参考書類の二) 第二巻」JACAR(外務省外交史料館所蔵 JACAR Ref. No. B04013930800)。以下「連盟協会関係一件」とする。

(5) 「日本国際連盟協会設立準備ニ関スル経過」。「連盟協会関係一件」。なお第三回会議には秋月佐都夫、前田正名、小野塚喜平治、山田三良、堀内謙介、末広慶太郎が列席した。

(6) 「(高裁案) 帝国ニ於ケル国際連盟協会ノ設立ヲ促進スルノ件」添付書類、「連盟協会関係一件」。

(7) 「日本国際連盟協会設立準備ニ関スル経過」、「連盟協会関係一件」。

(8) 一九二一年一二月一〇日付電信添付乙号「国際連盟協会ニ関スル松井大使ノ意見」、「連盟協会関係一件」。

(9) 一九二〇年三月四日付「内協議会次第」、「連盟協会関係一件」。当日、立作太郎、山川端夫、松田道一、伊達源一郎、杉村陽太郎、沢田節蔵が「下相談会」に出席した。

(10)「日本国際連盟協会設立準備ニ関スル経過」、「連盟協会関係一件」。

(11) 一九二〇年三月二二日、築地精養軒における「国際連盟協会設立相談会」出席者：田川大吉郎（国際日本協会、明治学院大総理）、友枝高彦（帰一協会、倫理学者帝大教授）野村淳治（法学者帝大教授）、寺尾亨（国際法学会、仏国留学経験）、宮岡恒二郎（大日本平和協会、日米関係委員会）添田壽一（座長）、姉崎正治（帰一協会、宗教学者）立作太郎（国際法帝大教授、パリ講和会議随員）伊達源一郎（読売新聞主筆）山川端夫、松田道一、沢田節蔵、杉村陽太郎。（「連盟協会関係一件」。）

(12) 発起人人名（イロハ順）：穂積重遠、林毅陸、友枝高彦、岡實、吉井幸蔵、吉野作造、高楠順次郎、高橋作衛、田川大吉郎、立作太郎、伊達源一郎、添田壽一、野村淳治、山川端夫、松田道一、海老名弾正、寺尾亨、秋月佐都夫、姉崎正治、阪谷芳郎、宮岡恒次郎、美濃部達吉。なお一九二一年末「国際連盟協会　役員」を以下に記す。総裁：徳川家達、会長：渋沢栄一、副会長：阪谷芳郎・添田寿一、監事：大倉喜八郎・団琢磨・江口定條、理事：井上準之助・林毅陸・穂積重遠・頭本元貞・吉井幸蔵・田川大吉郎・山田三良・姉崎正治・富岡恒次郎・山川端夫・秋月左都夫・近衛文麿。（『国際連盟』一九二一年一二月号）。

(13) 山川端夫（副会長）「渋沢前会長の追憶」（『国際知識』「故子爵渋沢栄一翁追悼号」一九三二年二月号）一一頁。

(14) 帰一協会については、本シリーズ『帰一協会の挑戦と渋沢栄一』を参照されたい。

(15) 姉崎正治「国際関係と青淵先生」（『国際知識』「故子爵渋沢栄一翁追悼号」一九三二年二月号）四四頁。

(16) 一九二〇年三月二二日、築地精養軒における「国際連盟協会設立相談会」、「連盟協会関係一件」。

(17) 一九二四年九月一六日付渋沢栄一日本国際連盟協会会長宛添付杉村陽太郎事務局次長報告書類「里昂ノ国際連盟協会連合会」。「国際連盟協会関係」第一巻（外務省外交史料館所蔵 JACAR Ref. No. B05014049000）以下、「国際連盟協会関係　第一巻」と略する。

(18) 松田道一（本協会理事）「協会創設当時の回顧と故渋沢翁」（『国際知識』「故子爵渋沢栄一翁追悼号」（一九三二年二月号）四〇頁。

(19) 山川端夫国際連盟協会副会長「渋沢前会長の追憶」（『国際知識』「故子爵渋沢栄一翁追悼号」一九三二年二月号）一一頁。

(20) 渋沢栄一「軍備縮少《ママ》と日本の将来」（『国際連盟』「ワシントン軍備縮少会議記念号」一九二一年一一月号）二～三頁。なお同号の表紙には「永久平和」と「国際友誼」の大見出しがある。

(21) 同前、渋沢「軍備縮少《ママ》と日本の将来」。

(22)「日本国際連盟協会の消息　五」（『国際連盟』一九二二年三月号）一〇六頁。

(23)「アルメニア難民に対する同情集まる」（『国際連盟』一九二二年七月号）一〇七頁。

(24) 岡野敬次郎「国際教育の必要」『我国の震災に対する諸外国の同情——震災に関する諸名士の所感』（国際連盟協会発行「パンフ

レット」第三八輯、一九二三年一二月七日付）二頁。

(25)　渋沢栄一「国際共助精神の顕現」（前掲、国際連盟協会発行「パンフレット」第三八輯）八〜九頁。

(26)　関東大震災における国際緊急援助と日本の対応については、波多野勝・飯森明子『関東大震災と日米外交』（草思社、一九九九年）を参照のこと。

(27)　一九二四年六月二七日付幣原外相宛若月馥次郎リヨン領事代理電報「国際連盟協会関係　第一巻」。

(28)　一九二四年九月一六日付渋沢栄一日本国際連盟協会会長宛添付杉村陽太郎事務局次長報告書類「里昴ノ国際連盟協会連合会」（「国際連盟協会関係」第一巻）。

第七章　大災害支援にみる渋沢栄一と国際社会

飯森　明子

一　災害支援の対応をとおして国際社会を考えること

渋沢栄一は水害や凶作、大火災、コレラ流行対策など、様々な災害発生に際して義援金を寄付することは多かった。だが海外への災害支援は、一九世紀にはまだ少ない。たとえば一八七八年（明治一一）二月中国の飢饉に対して益田孝や岩崎弥太郎らとともに義援金、米麦などを送った。しかし以後、清朝末期の混乱と日清関係の悪化によって中国へ災害支援はおこなうことはしばらくなかった。

一九〇六年（明治三九）に起った米国サンフランシスコ地震では、序章でも紹介したように明治天皇からの下賜金二〇万円と、渋沢らが政府や日赤などと集めた一五万円弱の義援金が米国へ送られた。この時、日本では米国への友好と、前年の東北飢饉に義援金を送ってきたことへの返礼の意味を込めただけでなく、同地域での日本人移民排斥運動に配慮し、渋沢は「公共事業の如き有意義なものに、事業家が充分の金を出すのは当然」と考え「好機会だから米国民の人心を転換しやうと云ふ真剣な心持から」実業界に義援金を呼びかけた（『伝記資料』二五巻、七三九〜七四〇頁）。この行動は確かに一時的に米国の対日イメージを好転させたものの、日本人移民排斥の動きが収まることはなかった。(1)

やがて実業界を退いた渋沢は、様々な社会事業へ参画するなか、大災害支援にも目を向けた。支援側が被災側にどのような認識をもち、どれほど連関や交流があったのか。[2] その中で渋沢は被災国や被災外国人をどのように考え、対応したのだろうか。本章では渋沢の生涯で様々な接点のあった米国、仏国、中国について、二〇世紀の災害支援を通して彼の国際社会への姿勢をたどっていく。

二　関東大震災にみる渋沢の救護活動

(1) 大震災善後会の設立と米国実業家からの支援受け入れ

サンフランシスコ地震の後も日本人移民への排斥運動は米国西海岸地域で厳しくなる一方であった。そこで、日本の実情をもっと知ってもらうべきと、米国に滞在経験ある人たちや対米貿易に携わる人たち、渋沢や徳川家達、金子堅太郎、阪谷芳郎らは、日米間での相互理解の活動や交流組織として、日米関係委員会や日米協会などを立ち上げた。さらに渋沢は一九〇九年(明治四二)、一九一五年(大正四)、一九二一年(大正一〇)の渡米実業団と米国訪日実業団(一九一〇年(明治四三)、一九二〇年(大正九))[3] を通して、相互理解活動と貿易促進を進めていた。そしてこれら渋沢とつながりを持っていた人たちが、関東大震災で多くの支援を日本に寄せたのである。

一九二三年(大正一二)九月一日の関東大震災では、死者行方不明者約一一万人弱、首都東京と最大の貿易港横浜は甚大な被害を受けた。同地の在留外国人も被災し、一七九六名が犠牲となった。東京では米国大使館や仏国大使館などが地震後の火災で焼失した。横浜ではレンガ造りの建物がことごとく倒壊し多くの圧死者が出た。湘南では夏休み最後の土曜日を海辺で家族と楽しんでいた欧米人も津波に襲われた。

震災の報が海外に伝わると、各国はさっそく様々な支援を開始した。米国では二日、カルヴァン・クーリッジ

（Johan Calvin Coolidge, Jr.）大統領が大正天皇に電報を送って同情を表明し、アジア方面の陸海軍を大量の救援物資とともに日本に急行させ支援活動を開始した。米国内でも義援金募集を指示、〝ＨＥＬＰ　ＪＡＰＡＮ！〟を合言葉に米国赤十字がとりまとめた。さらにクーリッジ大統領は太平洋上の民間船舶にも救援物資の無料輸送を命じた。各国も速やかに義援金、物資輸送、救護団派遣など支援を始めた。

一方、日本国内の対応は、山本権兵衛の首相就任は決まっていたが、閣僚人事の交渉さなかに大災害が発生という、いわゆる「政治の空白」のなかでいっそうの混乱を極めた。国内外からの救援物資や応急体制は、「政府総掛り」の臨時震災救護事務局が担当することになったが、とくに外相は一九日、伊集院彦吉が外相に任命されるまで山本首相が兼任することとなり、海外との対応は後回しとなりがちであった。数日後から一挙に米国などからの物資と救援部隊が東京湾に到着し始めた。だが大量の物資陸揚げ、避難民輸送や天幕病院開設へと、米国や海外からの支援活動に日本政府の対応は後手に回った。

渋沢も震災により事務所を失ったが、自宅を地域住民の救護のために提供するなど、直ちに様々な支援活動に関与した。本節では渋沢は国際社会と災害についてどのように対応したのか、まず大震災善後会の設立を確認し、次に二つのテーマ、一つは海外からの支援の受け入れとその人脈、二つ目には、被災外国人への支援についてみていきたい。

貴族院書記官長の河井弥八は静岡県出身で徳川家達との繋がりが深く、本書のコラム３「渋沢栄一と汎太平洋同盟」で取り上げる汎太平洋協会の幹事でもあった。震災までは渋沢と「直接お近附きになつていなかつた」が、以後頻繁に協議して対応していく（『伝記資料』四〇巻、三〇四頁）。河井の回顧によると、四日渋沢と会い、貴族院議長で日赤社長の徳川家達と応急措置を相談した際に、議会と財界とが一丸となって救済と復興にあたりたいこと、渋沢には財界の中心になってもらいたいと徳川らが要請したという[4]。遅くとも七日には渋沢と徳川、衆議院議長粕谷義三との間で改めて救済事業への意思が確認された。このとき渋沢は「一個の意見として賛意を表し且明後日実業家集合の上決定すへき」[5]と語り、実業界の意見集約にあたることになった。そして九日、東京商業会議所に実業家が約四〇名集まり震災救護のための組織を作り、両議長の計画とも合わせて、渋沢に幹部の決定が託された。こうして一一日結成されたのが「大震災善後会」で、趣意書は「汎く天下の同情者に訴へ、義金を醵集、之を焦眉の救済に資せむとす」とうたい、会長には徳川が、副会長に渋沢が就任した（『伝記資料』三一巻、三三一頁）。

同じ一一日、政府は閣議決定で海外からの援助受け入れについて、まず義援金をあげ、物資については協議の上受け入れ、人的派遣は辞退という優先順位をようやく示した[6]。

さらに同じ一一日、渋沢は個人として米国の実業家たちに以下のような書簡を送り支援を求めた。すなわち東京及横浜は壊滅的に被害を受け、渋沢自身が関係する会社の多くが被災したこと、だが、自身は無事であること、「余等は市民の惨害見るに忍びず、大震災善後会を組織し、市民の救済と市街の再建とに全力を注きつつあり、今回の損害は莫大にして俄に数字を以て言明しがたし、市民は毫も落胆せす、復旧方に付大なる勇気を示しつつあるは余の満足する所なり。将来復旧に対しては貴国の御同情と御助力に俟つこと多かるべしと思考す、よろしく願ふ」（『伝記資料』四〇巻、一一〇〜一一一頁）。

以上のように一一日は災害援助のあり方をめぐって画期となったことがわかる。

一三日も渋沢は同様の電報をニューヨークの実業家や有力者とカリフォルニアなど太平洋沿岸都市の実業家たちに送った。そのほとんどは実業団交流などの訪問で知遇を得た人々である。なかでもルイス・ワナメーカー（Lewis Rodman Wanamaker）は渋沢の電報発信よりも早く一〇日、支援を申し出、二万五〇〇〇ドルを寄付してきた。ニューヨークのジョイナー夫妻（Sterling J. Joyner）はワシントンで政治家たちと会談し「此際日本に対して真の友情を示さざるべからずとの意見一致」と報告するとともに、一九〇六年のサンフランシスコ地震を経験した実業家らが援助を申し出るだろうと伝えた（『伝記資料』四〇巻、一九八〜二〇〇頁）。一九二〇年来日した日米関係委員会のフランク・ヴァンダリップ（Frank A. Vanderlip）も五〇〇〇ドルを早々と大震災善後会へ寄付してきた。米国人たちは被災者側から要望が出る前に必要な支援を自ら考え、物資や送金手配を整え申し出ていた。これに対し渋沢も彼等に日本単独の復興は困難であり、当分建築材料の不足が見込まれると物資の援助を具体的に申し込んだ。

一方、約二週間で目標額一〇万ドル以上を集めたニューヨークの日本協会は、日米間の官民相互交流をほぼ一手に引き受けていた東京の日米協会にまず寄付金を送った。[7] 一九〇七年（明治四〇）に設立されたニューヨークの日本協会には銀行家、ジャーナリスト、弁護士、政治家、将校等に在留邦人の学者、実業家等が参加しており、前述のヴァンダリップを始め、第三回第四回渡米実業団と接触した人が多い。まず日本協会でラモント（Thomas W. Lamont）、ヘンリー・タフト（Henry Taft）、ギューリック（Sidney L. Gulick）らがこの寄付金について協議した。一〇月一日、日米協会の執行委員会（徳川、金子、渋沢、阪谷ら一八名）で渋沢は、この寄付金の目的は「罹災者に対する応急救護にありて其他に使用すべきにあらず」、この目的のために作られた機関に寄付するのが適当、と発言した（『伝記資料』三五巻、五九七〜五九八頁）。これに多数が賛成し、翌一一日大震災善後会へ入金された。こうして日米協会ルートの寄付金も大震災善後会へ集約された。

以上から、渋沢の支援についての考え方は次のように整理されるだろう。第一に、政府が大災害への対応に混乱する中で、議会幹部と実業家を中心として大震災善後会を設置し、被災者への具体的対応を協議し進めたこと、第二に、大震災善後会と政府との連携がとれるよう、渋沢と関係者とが密接に連絡をとり続けたこと、第三に、渋沢が直接米国の有力者に支援を呼びかけ、具体的に物資支援を提示し、復旧への中長期的支援を期待したこと、第四に、罹災者に対する応急救護と目的を明確に限定し、目的外の使途を排除したこと、があげられる。渋沢らの実業団訪米からまもない時期であったため、米国実業家らとの人的交流が寄付金や物資の大規模支援につながっていたのである。

（2）被災外国人住宅建設問題

渋沢の活動はそれだけに止まらなかった。関東に居留していた外国人もまた被災した。当時、外国人支援はほとんど考慮されていなかったが、そのなかで渋沢は彼らにも目を向けたことは特筆できるだろう。

ところで、関東大震災直後、朝鮮人虐殺事件と中国人虐殺事件が発生したことはよく知られている。当時、中国人学生を支援していた日華学会会長でもあった渋沢も、王希天《ワンシティエン》事件について外務省に対応を求めたが、反応はなかった。(8) また在京欧米人の大半も日本政府の混乱が続いた上に救護情報は得られなかった。結局、英語で対応できる欧米人は、日本政府との接点の多い帝国ホテルに置かれた米国の仮大使館に集まり、米国の支援に頼らざるを得なかった。ここではこうした在留欧米人被災者について取り上げる。

さて、震災直後の混乱がひと段落すると、次に浮上するのは彼らの住宅問題である。この問題に日本側で対応したのは、政府や外務省ではなく、多くの在留外国人や外交団と接点のあった渋沢と大震災善後会であった。おそらくは一〇月初旬日米協会により開かれた米国救護班招待会に米国大使サイラス・ウッヅ（Cyrus E. Woods）や米陸軍の救護団長フランク・マッコイ（Frank Ross McCoy）、伊集院外相、渋沢、阪谷らが参加し、東京在留の大使館職員たちの避難生活が話題になったと推測される。

大震災善後会で初めて具体的に「罹災外国人」が話題になったのは、一〇月二九日のことである。河井が「罹災外国人救護の件に付宮内省に出頭し渋沢子を訪ひ徳川公を訪ひ」、さらに「三井集会所で阪井氏と相談」(9) した。三井合名会社理事でクリスチャンの阪井徳太郎と河井との間で、翌三〇日、被災外国人救護と住宅問題について具体的な協議が始まり、改めて渋沢が大震災善後会の義援金を「日本人救済のみに用いては不可」（『伝記資料』四〇巻、三〇五頁）と河井に指示した。河井は直ちに宮内省の小原駩吉内匠頭と東久世英雄とを訪問し、被災外国人仮住宅について宮内省御料地の借地について相談を始め、逐次渋沢、阪井、珍田捨巳東宮大夫らとも協議し、実質的な交渉をほとんど終えた。

そして正式に一一月二六日邦人側委員総代として渋沢が、貿易商エヴァレット・フレーザー（Everett W. Frazer）ら外国人委員らと連名で、以下の「拝借願」を帝室林野管理局長官本田幸介に提出した。震災で家を失った欧米人は約一五〇から一六〇人に上ること、彼らの収入ではホテル生活はできず、日本人とは「言語・風俗を異にするに因り最も同情すへき悲境」にあること、故に彼らのために我々が仮住宅を建設するのは当然であること、そして「仮住宅建設の資金は日本人の醵出に俟たす有志に於て自ら之を処弁すへきに依り、所要の土地を借用」したいと願い出たのである（『伝記資料』四〇巻、三〇六～三〇七頁）。一二月四日には渋沢も現地を下見し、翌日の大震災善後会第五回委員総会で改めて「邦人とは生活・思想・風俗・言語・習慣等を異にするを以て、之を一般の「バラック」に収容するを得す」、彼らの仮住宅建設に五万円を寄付することなどを決議した（『伝記資料』三一巻、三八七頁）。こうして一二月二八日、渋谷赤十字病院前の宮内省弓術場跡地二九八八・五坪を、一九二四年（大正一三）一月から一九二六年（大正一五）二月まで無償で借りることが許された。

この事業で注目すべきことは、支援者側が計画を策定しその使用について指示するのではなく、被災者側が協議し、彼らに主体的に計画段階から関与させていたことである。すなわち被災者全体の最大限の利益となるような支援を求めて協議を重ねた。そのために、日米幹部の間で「色々に付彼我の隔意なき意見を交換」し（『伝記資料』三一巻、三八九～三九〇頁）、年明け早々から渋沢と河井とが協議を始め、三月に大震災善後会を解散した後もこの建設問題を残務として対応し続けていく。[10] この間、三月二八日、大震災善後会からの五万円と、臨時震災救護事務局からの建築材料寄贈も決まった。

一方、四月、米国でいわゆる排日移民法が議会を通過した。それまでは米国の支援に対する感謝に充ち、移民問題も解決したように思われたが、一気に反転、厳しい対米批判が国内を覆ったのである。そのようななかで冷静な交渉を続けた河井は、罹災外国人仮住宅建設用資材置き場についても「下渋谷に至り実地の検査結果赤十字病院の借るるの外なしと認め」、日赤社長平山成信や病院長佐藤恒丸も訪問して「遂に許諾を得た」[11]。排日移民法が大統領署名により正式に成立した後も、仮住宅計画は順調に進んだ。

ところが、外国人委員たちが中心になって協議を重ねた結果、仮住宅ではなく、欧米人子弟のための寄宿舎のある学校建設に計画を変更することとなった。そして、一九二四年秋に京浜間唯一の欧米人児童向け学校がまず開校され、建物は翌年三月落成した[12]。もともと文化の差を配慮した計画段階から外国人側委員会が協議に関わり、かつ家族と共に日本での安定した生活を望む被災欧米外国人の子弟教育施設へと計画案を集約し、彼らに施設の運営を任せたことは注目できる。

関東大震災での支援を通じた交流は、三年後の一九二六年九月、フロリダを襲い一〇〇〇人余の犠牲者を出したハリケーン災害への支援につながった。渋沢は「関東大震災での米国官民が最も迅速にこぞって我々に表してくれたあの熱烈な同情。（中略）此時此際吾々日本国民は挙って彼の大震災当時に受けた米国官民の同情とその厚意を回想し、何とかして報恩の途を講ずべきは当然の義務であり責任であると信ずる」と語り、米国民に恩に報いるべきと声をかけたのだった（『伝記資料』四〇巻、六四頁）。

かくしてみると、関東大震災での一連の渋沢の活動は被災した日本人支援のみならず、被災した欧米人にも目が向けられていたことがわかる。政府の臨時震災救護事務局では外国人救護に十分対応できないなかで、渋沢だからこそ可能だった在留外国人への対応といってもよい。

翌一九二四年三月一三日、大震災善後会が解散した時も、渋沢は残務委員会副委員長としてというより「一国民として」、「要するに、此の際、政治・経済、両々相俟ちて、災害に関する応急救護、及び東京経済の回復を最も適当に図らなければならぬ」都市復興には「理論と実行とは往々一致しないことがあるものであるから、宜しく緩急を慮つて、遺算なきやう万全を期すべきである」と語った（『伝記資料』三一巻、三八九〜三九〇頁、および三九六頁）。米国の支援活動が長期に政治的影響を日本社会に残すことを恐れた軍関係者が存在した一方で、[13]渋沢は国際社会との対応も含め、米国実業家たちの一歩先んじた支援申し出を学びとし、次の社会づくりへと具体的活動を支援したのだった。

三　仏国南部地方洪水への支援――遠国支援に成功した関西実業家との人脈

（1）仏国洪水支援への背景

幕末期の仏国滞在経験が実業家としての渋沢や日本の近代化に大きく影響を残していることは言うまでもない。日露戦争後の四半世紀は仏国の極東への関心と日本の大陸政策とが直接接触することが少なく、日仏協商に支えられて、日仏関係は比較的安定した状態が続いていた。第一次世界大戦中にも、戦費調達に苦しむ仏国が日仏関係を仲介する有力者として渋沢を頼んでいたことが確認できる。一九一五年一〇月、仏国の新聞『ル・マタン』（*Le Matin*）記者のインタビューを受け、「大使の内話と同しく公債応募の事に付、余の意見を徴せら」れた（『伝記資料』別巻　二、六五頁）。渋沢は、現状の日本では仏国公債購入に消極的で、国内に反対派の動きがあると語り、仏国側はこのような渋沢の慎重な姿勢を好意的論調で伝えている。[14]

やがて第一次世界大戦後、渋沢は欧州を含めた国際平和や相互理解と交流をめざす組織に精力的に関わっていく。たとえば仏国政府の対外文化政策もあり、一九一九年（大正八）八月来日し渋沢と会見したリヨン大学総長ポール・ジュバン（Paul Joubin）との間で日仏文化交流機関の設置検討が始まり、それを一九二一年着任した駐日大使ポール・クローデル（Paul Claudel）が引き継いだ。関東大震災が発生すると、仏国も義援金、食糧や救護船を日本に送り、東京で被災したクローデルは、在留仏国人の安否確認の対応と、本国からの支援受け入れにも関わった。日仏友好ムードが続くなか、クローデルと渋沢らの尽力で一九二四年日仏会館が設置され、以後、日仏交流は仏国政府の意向を受けて日仏会館を軸に現代まで続いている。

とくに伝統的な日本文化への関心が高い仏国側の方針もあり、一九二七年（昭和二）京都に関西日仏学館が稲畑勝太郎らの支援を得て設立された。稲畑は明治初期リヨンで染色技術を学んだ人物である。「渋沢は此事業は他の投機流の会社と違ひ、一時に非常の益あるべしとも思はれず[15]」と述べるように、すぐに利益が出ないと認識していたが、西欧の繊維産業技術を長期安定的に取り入れたいと考え、稲畑による京都共同織物会社の設立を支援していた。のちに稲畑は大阪商業会議所副会頭として、一九二一年訪英実業団に参加する。

日本の関東と関西に日仏交流組織が渋沢や稲畑ら実業家と互いの文化に関心ある知識人により一九二〇年代に作られていたことは注目できる。そして彼らが仏国南部地方で発生した洪水支援に動きだすことになる。

（2）一九三〇年　仏国南部地方洪水への支援

一九三〇年（昭和五）三月、東京では関東大震災からの復興完成祝典を迎えようとしていた。国際社会では、前年の世界恐慌と各国の財政難を背景にロンドン海軍軍縮会議が開かれ、日本にとっては国際協調の姿勢を試される締結交渉が大詰めを迎えようとしていた。

二月二七日以来、仏国南部の中央山塊地域に降った大雨は、三月二日から五日にかけてタルン川などが洪水を起こし未曽有の水害となった。トゥールーズ＝パリ間では通信が途絶え、軍が災害対応に出動し緊急対策費が政府に要求された。仏国内務省は死者二〇六名、家屋倒壊二六九三棟、三〇〇〇人以上の被災者を出す仏国の水害でも最大級と報じた[16]。

日本は駐仏日本外交団の勧めもあり、まず一〇日昭和天皇の名で仏大統領ガストン・ドゥメルグ（Pierre-Paul-Henri-Gaston Doumergue）へ見舞電報を発信した。一方、義援金は日本政府ではなく、日赤と日仏会館・日仏協会が主となって個人から寄付を集め、五月末、三五九六円を外務省経由で仏国へ送った[17]。

関西の財界重鎮藤田平太郎も稲畑とともに多額の寄付をおこなった。稲畑はリヨンに長期滞在した経験から、多くの日本人が持っていたパリを中心とした人脈とは別に仏国南部のグループにも接点があったこと、また国内では関西実業界の有力者として京阪神の知仏派をまとめ、渋沢との関係も深かったためこうした行動をとることができた。かくして財政難から軍縮を進めていたなかでは、日本政府より民間支援の方が好結果を残したことが確認できる。日仏会館の報告書は「往年大震災の際仏国より受けたる有形無形の厚援助に酬ゆる機会にもあり、友邦不慮の災厄に同情を表する為め両会主催にて義援金を募集せし」と述べ、関東大震災での仏国の援助が互恵につながったことがわかる（『伝記資料』四〇巻、七一頁）。

だが年が明け、一月に金解禁した直後の日本経済は悪化の一途をたどっていた。すでに日本の支援は、財界関係者など非政府組織からの活動で限界だったのである。次第に日本の海外への災害支援への動機は複雑となり、翌年の中国洪水への支援は、対照的な対応と経過をたどることになる。

四　中国への災害支援——混迷する日中関係と人道支援活動の危さ

（1）中国への災害支援の背景

渋沢が米国へ四度も訪問したことと比べると、中国への実質的な視察訪問は、本書第九章で詳述するように一九一四年（大正三）五月だけといってよく、この経験が、渋沢の災害支援にも影響を与えたと考えられる。しかし、長年複雑に政治・軍事・経済関係が交錯する日中関係のなかで、中国への災害支援は困難を極めることになる。

一九一五年（大正四）七月死者一万人を出した広東地方水害と、一九一七年（大正六）一一月被災者三〇〇万人以上を出した天津水害に、渋沢は義援金を呼びかけた。が、これらの災害は、日本が対華二一カ条要求を出した後、中国での対日世論が悪化するなかで発生した。日本側の不信感も強く、天津水害の義援金は目標額の半分以下一四万二〇〇〇円にとどまり、そのうち一〇万円を中国側の救済に、四万二〇〇〇円を日本居留地の救援にあてることになった[18]。だが、日中関係や中国内の不安定な事態がより複雑になるなか、義援金自体が日中関係を硬化させることになる。

安直戦争後の一九二〇年夏、中国北部旱魃飢饉の支援にはそれが如実に表れた。九月二二日、渋沢は和田豊治とともに原敬首相を訪れ、漢口から撤兵することと、「支那北方飢饉に付、政府所有米中より十萬石を救済に差し出さるる様ありたし、其節は運送などの実費は実業家にて負担するも可なり、又黄河の改修を企てては如何と其意見書持参」した。渋沢は黄河の堤防改修支援まで言及したのである。しかし、原は「政府に於ても飢饉救済などは話題に上り居れりと返答[19]」するが、渋沢の提案や支援の実行には消極的であった。渋沢は日華実業協会幹部会でも義援金を求めたが、「中には日貨排斥で苦しめられている我々が救済でもあるまいと、振り向いても見ない者もあると言ふ」[20]状況であった。一方、二〇〇〇万人の被災者に救済策もないまま内乱が繰り返され、日本からの義援金も翌年末までに六四万四〇〇〇円を集めたに留まった。日本からの義援金は中国内の不安定さ故に被災者支援に回る状況ではなかったのである。

（2）一九三一年中国水害

その後も中国は軍閥の争い、国民政府と共産党の対立、そこへ日本の軍事介入まで加わり混迷の度を深めていた。一方で、欧米を中心とする非政府機関の国際協調への活動はメディアの発達もあり、中国にもその活動と人脈を広げて活発であった。だが一九二九年（昭和四）の世界恐慌はそれらの動きにも抑制をかけようとしていた。

そのようななか、中国は一九三〇年から荒天が続いていた。翌一九三一年（昭和六）、春は雪解けと豪雨に見舞われ、八月から台風も加わり、長江、珠江、黄河、淮河などが氾濫した。米国の飛行家チャールズ・リンドバーグ（Charles A. Lindbergh）の夫妻は、「見渡すかぎり水面がひろがり、見ているうちにハッとした。湖ではない。これこそが洪水なのだ[21]」と記した。夏の灼熱も加わって被災者の惨状はますますひどくなり、国民政府は八月上旬現在、浸水家屋四五〇万戸、倒壊家屋一万戸以上、犠牲者一万人以上、被災者数、湖北省一五〇〇万、湖南省三〇〇万、江西省二〇〇万、安徽省七〇〇万、江蘇省七〇〇万とすさまじい被害を伝えていた。

すでに八月初め多くの被災者への疫病対策に駐在各国外交団は本国へ救護を求めていたが、蔣介石《チャンチェーシー》にとっては災害対策よりも、共産党を「遠からす必す絶滅し得可き」ことが最大課題であった。しかし災害に対し「全世界の有志より非常なる同情と救済を受けたることは感激の至りに堪えず」、天災に対応するための災害公債発行計画を伝え、まずは日本の財政支援を求めたのである[22]。

一方、この間にも災害の事態は一層深刻化していた。在留邦人の食糧が欠乏する恐れが八月中旬明らかとなって、日本政府はようやく災害支援に重い腰を上げようとしていた。その際に引き合いに出されたのが、関東大震災だった。上海の領事は、関東大震災で中国の支援があったため、今般の事態に日本は支援をしないわけにはいかないこと、と同時に、「此の種の挙措は早き程目に立ち効果も大なるへしと存せらるるに付排日貨運動抬頭せる此の際其対策としても御考慮を加へられ」るよう求めた。[23] すなわち関東大震災当時、中国が不安定な政情の中で永年の防穀令を初めて一時解除し、日本へ義援金とコメなどの食糧や物資などを緊急支援したのを評価すると同時に、日本からの支援は中国における対日世論対策であるという面がここから明らかになる。

二四日、ようやく日本で中華民国水災同情会（会長渋沢栄一）が設立され、同じころ国民政府でも水害救済委員会が発足し、日本側委員に船津辰一郎、（紡績連合会）、大村得太郎（三井合名）など在華紡関係者も加わった。だが、それゆえに支援すべき対象は中国の人々なのか、在留邦人かあいまいになっていた。二六日「中華民国水災義援金募集趣意書」が日本国内三〇〇万人に発送されたものの、在留邦人関係の被害だけでも一五〇万元以上、その間接的被害も加えれば想像もつかぬほどの状況で、若干の見舞金では効果は到底見込めなかった。その上、上海の新聞『申報』は社説（八月二四日付）で「日本は一面に於て我に禍を与へ他面我を救助せんとし居るは人をして懐疑の念を起さしむ」と疑念をはさんだ。共産党員らが被災民を煽動して長江流域に活動域を移し暴動を起こそうとしているという情報[24]もあった。憂慮すべき情報が続くなか、同年初夏には万宝山事件も発生していた。

八月末、重光葵駐華公使は王正廷《ワンジェンティン》外交部長と会見し、昭和天皇からの下賜金と日本政府の見舞について伝えると、「此事に付多数の人士は之を日本の策略なりと認め居れり。何となれは万宝山事件未た解決せさる為我国内に積極的反日運動工作行はるるに至れるを以て日本は反日運動の拡大を虞れ今次の中国水災の機会を捕へ義捐救恤し一面国際関係に於て美しき声を獲得すると共に同時に中国国民方面の反日的空気を緩和せんとするものなり」[25]と、王は日本の支援は受入れ困難という厳しい反応を示した。

このような状況になって、はじめて渋沢が九月六日、中華民国水災同情会長としてラジオを通じて以下のような義援金募集を呼びかけた。「隣邦の救援を進める本人が辞退してゐる様ではよろしくないと思つて病躯をおして曲げて会長となつたことを社会から知つて貰ひたいのと、民国の人にもそれだけやつてゐるかといふことを知つて貰ひたい」。関東大震災の際、中国から支援があったこと、「かかる隣国の厄災に対して同情を表し慰問することは、人情として又人道の上からは申す迄もない事であり、況んや民国と吾が国との関係からも申しても蓋し当然の事と思ひます。他より恩誼を受けて知らぬ顔をして居ると云ふ事は人道上からも許すことは出来ないのであります」（『伝記資料』四〇巻、七七〜七八頁）。さらに渋沢は九日にも、「要するに両国民同志の利害が相等しくならねば、真の経済提携は困難であらう。但し申し方は頗る古いが、同文同人種の国柄として、日支の利害は同一である筈であるのに、左様に思慮しない処に誤った考へがあると思はれる、故に今回の水害の如きには何処までも同情して救援に赴かねばならぬ」と語った（『伝記資料』四〇巻、八三頁）。渋沢にとって中国は「同文同種」の国であり、東洋の黄色人種が儒教文化の土俵で相互に理解し発展できるという長年の信念がここでも表明された。

九月一〇日ごろ、ようやく中華民国水災同情会の支援が中国で報じられ、義援金の分配についても検討される落ち着きもみられた。蒋介石は、外交担当の宋美齢《ソンメイリン》、王外交部長、張群《チャンチェン》とともに重光公使と会見し、日本側に「鄭重に感謝の意を繰り返し」、「両国の親善の必要なることを高調し極めて打解けたる態度を示し」(26)双方のわだかまりは和らいだかにみえた。一二日、物資を満載して天城丸は神戸を出港した。

しかし航行中の一八日、満州事変が勃発した。直ちに日本からの物資や救援は「日本は水害に乗じ奉天長春安東営口を占領せり」と中国の厳しい批判にさらされた（『中央日報』社説九月二〇日付）。二〇日上海に到着した天城丸も、急遽、中国側から一切の支援を拒否され、内定していた慰問使歓迎も総て中止された。救護団を派遣していた同仁会も直ちに引き揚げ、義援金一〇万円も拒絶される事態となった。

それでもなお渋沢は支援を模索していたことが、新渡戸稲造の回顧談からわかる。杭州での第五回太平洋問題調査会（ＩＰＲ）会議へ出発する直前の一〇月六日、渋沢は新渡戸に、満州問題や移民問題のほか、日本からの物資や義援金が中国から拒絶されたことは遺憾であること、「政府上の争とか軍事の争ならそれは別として、人間として此の艱める者、苦しめる者に同情を寄せるは至当のことである。政治上の関係を抜きにしてさう云ふ苦んで居る者を助けやうと云ふのであるから、幸ひあなたが上海へ行かれるなら先達て持つて来たものを又先方で受けて呉れるやうに盡力して呉れぬか[27]」と託したが、何の変化もなかった。

結局、「本会の救援は純然たる人道的精神に基く国民的同情の流露に他ならざる旨を述べられ、先方側に於て虚心坦懐に受理する様、繰返し考慮を促し申候にも拘はらず[28]」日本の支援は届くことはなかった。一二月、国内の一〇〇〇円以上の寄付も払い戻された。

満州事変は人道支援活動も含め日中間の交流を一瞬にして無に帰してしまった。さらに追い打ちをかけるように一一月一一日、渋沢が没した。一九三一年中国水害への対応は文字通り渋沢最後の社会事業となり、またそれは戦前日本の海外への災害支援の限界でもあった。

五　被災者への渋沢のまなざしと支援の限界

災害という禍を福に転じられるかどうか、現代の我々も、人道と外交の間で苦慮した渋沢の災害支援の姿勢や活動から学ぶことはいくつかある。まず、政治と外交の背景はどうか、さらに政府間の公式外交ルートとは別に、個人の人脈や関係団体を通じて国を超えた信頼関係が築かれているか、ということがある。さらに直接支援者と被支援者との間に具体的な支援を求め、実行できる組織力があるかどうかも十分考慮しなければならない。

一九二〇年代、米国との間では相対的に日米協調ムードのなか、相互理解を通じて貿易を促進し社会を発展させるという、渋沢をはじめ両国の実業家や各界リーダーたちの共通認識が、相互訪問やさまざまな日米交流関連組織を通じて作られようとしていた。日仏関係においても、渋沢は幕末の滞仏経験から日仏間の相互理解と交流を進めてきた日本の数少ないリーダーであった。政府からの直接的な災害支援が困難であっても、国内の知識人や実業家らをまとめる人脈と組織が存在していた。とくに戦間期の日欧関係を考えると、民間支援がより影響力を発揮できた好例といえる。

だが、二〇世紀に入ると中国への災害支援は単純ではない。大災害が発生しても為政者たちの政治目標は必ずしも被災者支援にはなく、かつ両国の軍事政治状況が相互不信の中では、民間の人道支援さえも、猜疑心に苛まされる状況から免れることは難しい。いや災害は中国の経済と社会をさらに不安定にし、日中間の相互不信を招く禍となったのである。

注

（1）　賀川真理『サンフランシスコにおける日本人学童隔離問題』（論創社、一九九九年）が詳しい。

（2）　戦前の災害援助をめぐる日本と国際関係を扱った研究には、先駆的な賀川真理、前掲のほか、一九三一年水害を含む同仁会の人道活動と日中関係を扱った藤田賀久「同仁会と近代日中関係　人道主義と侵略の交錯」（『紀要』（多摩大学グローバルスタディーズ学部）八号、二〇一六年三月）と、米国を中心にソ連・中国の援助を扱った波多野勝・飯森明子『関東大震災と日米外交』（草思社、一九九九年）などがある。

（3）　木村昌人『財界ネットワークと日米外交』（山川出版社、一九九七年）。渋沢史料館編『渋沢栄一と関東大震災――復興へのまなざし』（渋沢史料館、二〇一〇年）。

（4）　『伝記資料』四〇巻、三〇四～三〇六頁。河井は九月四日と回顧している。

（5）　一九二三年九月七日の条、「河井弥八日記」（掛川市教育委員会所蔵）。なお河井日記には九月二日から六日まで記載がない。

（6）　同年九月一一日付閣議決定、外務省編『日本外交文書　大正十二年第一冊』（外務省、一九七八年）五六〇〜五六一頁。
（7）　『伝記資料』三五巻、五九七〜五九八頁。日米協会については、飯森明子『戦争を乗り越えた日米交流――日米協会の役割と日米関係　一九一七―一九六〇』（彩流社、二〇一七年）を参照されたい。
（8）　本シリーズ『帰一協会の挑戦と渋沢栄一』所収、見城「渋沢栄一に依る中国人留学生支援と日華学会」（一三四頁）。現代では、流言飛語が飛び交うなかの自警団の過剰警戒に加え、中国人労働者に対する陸軍の蛮行、対応に苦慮した首相、陸相、内相、司法省、外相が一一月七日協議し、王希天事件と「大島事件を隠へいすることに決定」したことが判明している。（高橋勝浩翻刻『出渕勝次日記』二（『日本文化研究所紀要』第八五輯、二〇〇〇年三月）三八一頁。前掲、波多野・飯森『関東大震災と日米外交』一二七〜一三四頁）参照。
（9）　一九二三年一〇月二九日の条、「河井弥八日記」。
（10）　同年一二月三〇日の条、「河井弥八日記」。『伝記資料』三一巻、三八九〜三九〇頁。
（11）　一九二四年四月二一日の条、「河井弥八日記」。
（12）　大震災善後会編『大震災善後会報告書』（大震災善後会、一九二五年）三八九頁。
（13）　一九二三年九月一九日付陸軍参謀本部書類「震災ニ対スル米国努力ノ後難ト其対策」、「密大日記　其一六冊の内第五冊　大正一二年」（防衛省防衛研究所所蔵）JACAR Ref. No. C03022634900。詳しくは拙稿「関東大震災がもたらした『友情』――その外交的帰結」（『外交』一二号、二〇一二年三月）一六〇―一六五頁、および前掲、波多野・飯森『関東大震災と日米外交』二三六―二三八頁を参照されたい。
（14）　一九一五年一〇月一四日の条、『伝記資料』別巻二、六五頁。Hugues Le Roux, 'LA FRANCE empruntera-t-elle de l'argent au Japon? : Une conversation avec le baron Shibusawa' *"Le Matin"* (2. Décembre 1915).
（15）　稲畑勝太郎翁喜寿記念伝記編纂会編『稲畑勝太郎君伝』（稲畑勝太郎翁喜寿記念伝記編纂会、一九三八年）二〇一〜二〇二頁。
（16）　一九三〇年三月二五日付幣原喜重郎宛外相宛河合博之臨時代理大使書類「仏国南部地方水害ニ関スル件」、「各国変災並救護関係雑件　第二巻　2．佛国南部水害関係」（外務省外交史料館所蔵 JACAR Ref. B04013294600）。
（17）　『伝記資料』四〇巻、七〇頁。同年五月二九日付吉田茂外務次官宛日仏会館理事長渋沢、日仏協会理事長曽我祐邦書類「各国変災並救護関係雑件　第二巻　2．佛国南部水害関係」。
（18）　一九一九年一月九日付東京天津水災義助会長渋沢栄一宛外務省通商局長田中都吉書類「天津水害義助会報告書」（『伝記資料』四〇

巻、二四～二六頁）。

(19) 一九二〇年九月二二日の条、原奎一郎編『原敬日記』第九巻（乾元社、一九五〇年）七五頁。

(20) 『東京日日新聞』同年九月二九日（『伝記資料』四〇巻、三〇～三一頁）。

(21) アン・モロー・リンドバーグ／中村妙子訳『翼よ、北に』（みすず書房、二〇〇二年）二二〇頁。

(22) 一九三一年八月八日付幣原外相宛上村伸一南京領事電報「中国水害関係雑件」。（外務省外交史料館所蔵 JACAR Ref. B04041331200）。以下「中国水害関係雑件」と略。

(23) 同年八月一七日付幣原外相宛村井倉松上海総領事電報「中国水害関係雑件」。

(24) 同年八月二五日付幣原外相宛村井上海総領事電報「中国水害関係雑件」。

(25) 同年九月五日付幣原外相宛坂根準三漢口総領事電報「中国水害関係雑件」。

(26) 同年九月一五日付幣原外相宛重光葵公使電報「中国水害関係雑件」（外務省外交史料館所蔵 JACAR Ref. B04041331300）。

(27) 新渡戸稲造「渋沢翁と国際平和」（『国際知識』一九三二年二月号）一九～二〇頁。

(28) 「中華民国水災同情会書類」同年一〇月一六日付（『伝記資料』四〇巻、一〇五頁）。

コラム２

アルメニア難民救済と渋沢栄一の慈善事業

メスロピャン・メリネ

アルメニア難民と日本

第一次世界大戦の前後、オスマン帝国の崩壊、ロシア帝国崩壊及びロシア革命、オーストリア＝ハンガリー帝国崩壊などで、非常に多くの人々がその故郷を離れ、難民になった。第一次世界大戦の勃発から人道的活動をおこなう各種の団体が活発に組織されるようになった。難民問題に関わる組織には現在、国際連合難民救済高等弁務官事務所（略称：ＵＮＨＣＲ）があるが、当時、米国赤十字社、米国近東救済委員会、セーブ・ザ・チルドレン、米国救済局（略称：ＡＲＡ）があり、とくに、米国赤十字社及び米国近東救済委員会が虐殺を生き延びた数十万人のアルメニア難民に与えた援助は非常に大きかった。

ロシア革命の後一九一八年（大正七）に独立したアルメニア第一共和国の存続期間はわずか二年半ほど（一九一八年（大正七）五月～一九二〇年（大正九）一二月）にすぎない。アルメニア第一共和国と日本との間では、一九二〇年（大正九）三月六日に日本は事実上の政府の承認を宣言したものの、同年七月のアルメニア政府が任命した、ディアナ・アガベグ・アプカー（Diana Agabeg Apcar）（一八五九～一九三七）の名誉領事を承認することはなかった。一八九〇年（明治二三）から日本で居住し貿易で活躍していたディアナは一九一五年（大正四）から一九三〇年（昭和五）にかけて来日したアルメニア難民に援助を与えていた。

日本では、横浜の宣教師Ｃ・Ｗ・ヴァン・ペテン（Caroline W. Van Petten）（一八五四～一九一六）により「アルメニア救済基金」が設立された（*The Far East*, December 19, 1914）。また日本女子大学校同窓会である桜桃会に事務所を置く「婦人平和協会」は、五月、「明治座観劇会を開催するが会員が総出で石鹸販売もする」などしてそれらの活動の収益金を寄付した（『読売新聞』（一九二二年（大正一一）四月一九日付朝刊）。

しかし、アルメニア難民に対する日本における資金援助に最も大きな役割を果たしたのは渋沢栄一が会長を務めたアルメニア難民救済委員会であった。以下、その活動をみていこう。

渋沢とアルメニア難民

オスマン帝国によるアルメニア人虐殺を生き延びた難民に対するアルメニア難民救済委員会は一九二二年（大正一一）に設立され、日本人が関わった最初期の難民への人道救済活動であった。

一九二一年（大正一〇）末に米国近東救済委員会の実行委員会は救済活動を国際化する目的で、L・L・ワート（Loyal Lincoln Wirt）（一八六三～一九六一）を世界各地に派遣した。彼の任務は様々な国でアルメニア人救済委員会を設立することであった。ワートは一九二二年（大正一一）一月に日本を訪問し、そこで渋沢に出会った。同年二月一〇日にワートの招待会が契機となり、米国近東救済委員会の申し出により、渋沢を委員長としてアルメニア難民救済委員会が成立された。日本のアルメニア難民救済委員会の集会日時通知表によると、一九二二年五月二九日に新聞記者のインタビューに招かれ、その記事（*The Japan Advertiser*, May 20, 1922）によれば、「その支援作業を成功させること、人間性の蹂躙に苦しむ人々のためのこの活動に心から協力してくれるように彼ら（日本社会——引用者注）に呼びかけることは十分に我々の掌中にあった」（筆者訳）と渋沢は述べていた。また、日本のアルメニア難民救済委員会が「死刑を宣告されているアルメニアの数千人の幼気ない子供の命を救うために努力している」とも伝えている。「餓死を待つ子供四〇万人」を救うために同年五月二〇日にアルメニア難民救済委員会は寄付金の募集を開始した。寄付金二万余円を得、そのうち九〇〇〇ドルを米国近東救済委員会に送金し、一九二三年（大正一二）五月に会務を終了した。

渋沢の救済活動の実態

ワートが日本でおこなった救済活動、また渋沢及び彼に協力した他の日本人の活動の詳細は『「アルメニヤ」問題』という文書に以下のような内容で紹介されている。

一九二二年（大正一一）一月末ワート博士は来日し二月二日に入京した。渋沢、阪谷、添田、三浦彌五郎、松山忠二郎、小松緑、米国人ギルバート・ボールズ（Gilbert Bowles）等が委員となり、寄付金を募集することになった。ワートは東京では神田一橋会館で、大阪では梅花高等女学校や大阪市立高等商業学校、大阪朝日新聞社などで「アルメニア方面の窮民の状況」という講演会をおこなった。一般大衆にむけてアルメニアの状況を映写し、寄付金募集をおこなった。その講演や映写では、アルメニアの歴史と当時の状況が紹介され、シリアや小アジアに派遣された医師、看護師、支援員、彼らが見た「山野や砂漠に捨てられた犬のようにさまよっている数十万人の避難民」、入隊を強制させられたり、虐殺された男性、レイプされた女性、銃剣の的になった子どもたち、飢死にした数千万人など、アルメニア人の悲惨な状況について伝えられた。また、三年間で米国近東救済委員会が設立した六三の病院（月平均で一〇万人の難民の患

図３　アルメニアの地図（1922年）

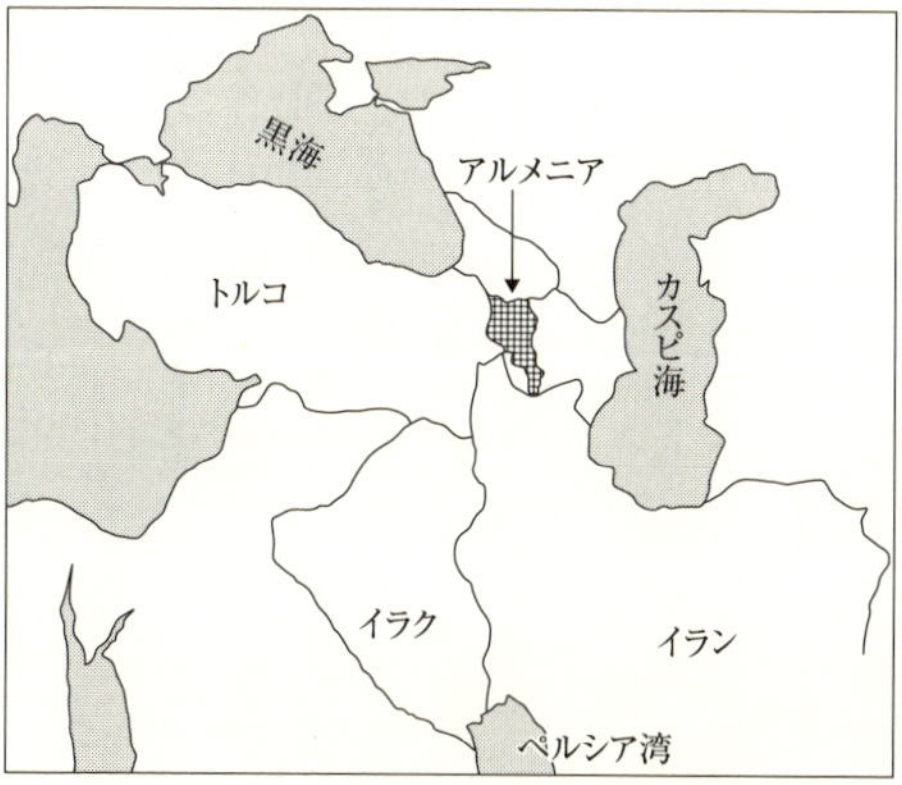

図４　現代のアルメニアの地図

者）、数千人の少女を収容し、二二九箇所の孤児院で一一万人の孤児を収容したこと、一〇万人の子供たちの状況の改善などについて、しかし、まだ二〇万人の孤児が様々な問題を抱えていることが紹介された。

日本人のアルメニア難民救済委員会も同じような活動を行っていた。渋沢は一九二二年（大正一一）七月甲府市のキリスト教婦人会や婦人矯風会などに書簡と小冊子を添付し、全国難民救済基金寄付勧誘を依頼した。両会は賛同し、金五円の寄付を送付した。それ以外にも、日本メソジスト教会、日本キリスト教会、日本ルーテル教会、日本キリスト青年会下関支部から五円の寄付があり、渋沢会長宛に送金された。七月末、東京市麹町区内山下町において報知新聞社の委託記者大羽仙外はアルメニア救済活動写真大会を開催し、結果大人五〇銭、入場者二五〇名（うち米国人一二名）を集め、子ども三〇銭の入場料一二〇円と、寄付金二八円八〇銭を集め、合計一四八円八〇銭の収入を得た。

近東救済委員会で募集した義捐金をどのような経路でアルメニア難民に分配すべきかについて、コンスタンチノープル出張中の内田定槌駐トルコ大使発内田康哉外務大臣宛の電報において説明されている。それによると、アルメニア人を救済するとすれば、トルコ人の感情を大いに害して、日本の対トルコ政策上、大変な結果をもたらす一方で、義捐金はアルメニア人を救済するための資金でもある、したがって、ジュネーブの赤十字社を経由し、赤十字が「トルコ避難民」を救済することで、「アルメニア人」救済と、トルコ人の日本に対する反感とを調和するのが唯一の方法と考えていた。英国も同様に義捐金を集め食料配布をおこない、トルコ人の共感を得ているという。そこで日本政府は英国に追従し、千ポンドで千人の難民に対し五か月間、毎日一円の「スープ」を提供していると記録した。

『読売新聞』（一九二二年三月三一日付朝刊）は、「渋沢栄一子等の肝入りで目下寄付金の募集をしてゐるが其の一部に当てるべく来る三日午後一時から神田青年会館に少女音楽会を催し各国大使館の令嬢も加入出演の筈である」と報じている。さらに、革命から逃れたロシア難民に対する活動、戦後アルメニア難民に対する本活動、米国の人道的活動を大切なこととして『朝日新聞』や、『読売新聞』も紹介している。

「寄付の多少は問ひません、日本が国際的に地位を得た以上、国際的な慈善に同情する事は当然です、住むに家なく草ばかり喰つて手足の細い腹ばかりの孤児の写真を観ては泣かされます、人情の差別はありません、日本国民の同情心と人道に訴へ度いと思ひます」と渋沢翁は語つた。（『読売新聞』一九二二年五月二〇日付朝刊）

神奈川県知事井上孝哉から、内相、外相らに宛てた書箇によると、ディアナがアルメニア難民救済委員会にアルメニアの政治情勢に関する趣意書を送り、一〇〇ドルの寄付を受け取っていた。

残念ながらこれ以外にはディアナと渋沢両者の関わりを示す他の証拠は見つかっていない。とはいえ、この委員会が第二次世界大戦前の日本で活動した数少ない難民支援の先駆的な例の一つであったといえる。

参考文献

『「アルメニヤ」問題』JACAR Ref. B06150399000（外務省外交史料館所蔵）。

『在本邦各國領事任免雑件「アルメニヤ」国之部』JACAR Ref. B18010339000（外務省外交史料館所蔵）。

『伝記資料』四〇巻、四七～四八頁。

メスロピャン・メリネ「ダイアナ・アプカーの日本における人道的活動――アルメニア人大虐殺（一九一五―二三）を逃れた避難民の救済」（『国際文化研究』（東北大学国際文化学会）二二号、二〇一五年三月）一四一～一五四頁。

メスロピャン・メリネ「二〇世紀初頭の日本とアルメニア難民――ディアナ・アプカーの役割を中心に」（『渋沢研究』三一号、二〇一九年一月）六五～八五頁。

Hovannisian, Richard G. *The Republic of Armenia, Vol. II: From Versailles to London, 1919-1920.* (Berkeley: University of California Press, 1982)

Վրացյան։ Սիմոն *Հայաստանի Հանրապետություն*, Երևան · «Հայաստան», 1993։（シモン・ヴラツィアン『アルメニア共和国』エレバン：ハヤスタン、一九九三年）

第Ⅲ部　国際主義の体現とその限界

第八章　近代日朝関係における渋沢栄一の役割とその継承者たち

金　明洙

一　多岐にわたる渋沢の評価

本章においては二〇世紀初めの渋沢栄一の対韓認識を検討し、植民地期朝鮮における渋沢の継承者たちが渋沢をどのように認識していたかを検討する。[1] 周知のごとく、渋沢栄一は明治・大正・昭和にわたる日本の近代を生きた人物で、胎動期の日本資本主義をコーディネートしたことで有名である。まさに「日本資本主義の父」という評価にふさわしい近代日本財界の後見人である。

渋沢は韓国の近代の形成と関連しても非常に大きな影響を与えた。早くも一八七八年（明治一一）に第一国立銀行釜山支店を開設しており、京仁鉄道と京釜鉄道の敷設などにも大きな足跡を残した。稷山《ジックサン》金鉱を経営し、韓国興業株式会社を通じて地主経営もおこなった。韓国水力電気株式会社・平安電気鉄道株式会社・韓国倉庫株式会社・日韓瓦斯株式会社などの設立及び経営にも関わった。韓国資本主義の形成及び展開の基礎となる様々なインフラ設備が渋沢の手によって始まったと言っても過言ではない。韓国で展開された渋沢の企業活動は日本の対外膨張とその軌を一にする。もし当時が二一世紀のグローバル化の時代であったら、渋沢の活動はグローバル企業の海外進出という評価を受けたはずであるが、二〇世紀初頭には帝国主義植民地という政治的な問題により「加害者」と

「被害者」の立場に基づいた両極端の評価を生んだ。

今日の韓国における渋沢に対する評価は日本とは大いに異なり、その評価のスペクトラムもまた多岐にわたる。民族主義史学の雰囲気が濃厚であった時代には「植民地経済侵略の先兵」のごとき評価が優勢であり、一九九〇年代には日本経済の近代化と日本資本主義の基礎作りに貢献したという評価が多く出された。二〇〇〇年代に入ってからは渋沢の経営理念を哲学的な側面から検討しようとする動きもあった。ところが、渋沢が韓国に対してどのような認識を持っていたか、そして渋沢の影響を受けた植民地期韓国の継承者たちは如何なるイメージで渋沢を記憶しているかについては未だに整理されていない。

以上のような韓国における渋沢研究の成果に基づいてここでは二つの側面に注目していきたい。一つ目は主に『渋沢栄一伝記資料』を用い、まず大韓帝国期（一八九七〔明治三〇〕～一九一〇年〔明治四三〕）における渋沢の対韓認識について彼が残した演説文の内容に沿って検討していきたい。大韓帝国期に渋沢は少なくとも三回以上韓国を訪れ、そのたびに様々な形で韓国訪問の持つ意義と韓国に対する印象を述べた。本章で注目したい二つ目の側面は植民地期朝鮮において、渋沢の「継承者」と目されていた人たちが渋沢をどのように認識していたのかである。その問題について「朝鮮の渋沢栄一」と呼ばれる韓相龍《ハンサンヨン》（一八八〇～一九四七）と彼の導いた財界組織「朝鮮実業倶楽部」を中心に検討する。韓国に対する植民地支配が安定化するにしたがって渋沢を師と敬っていた人物たちが「朝鮮財界」の重鎮として登場し朝鮮実業倶楽部に集合した。彼らが渋沢を「実業道徳の具現者」として評価したことは注目に値する。

二　大韓帝国期における渋沢の役割と対韓認識

（1）第一銀行釜山支店の開設と韓国進出

渋沢の韓国進出は一八七八年六月八日の釜山支店開業とともに始まった。当初渋沢は大倉喜八郎とともに韓国との貿易を拡張していくために定期航路の開設を請願した。それが一八七七年（明治一〇）であった。日本政府より一〇万円を借りて毎月二、三回の定期航路を計画して大蔵卿の大隈重信に申請したが、許可は下りなかった。この申請について大久保利通内務卿は、既に一ケ月に一回の航路が開設されており、西南戦争が終わり次第、運航が再開される予定にあるため、渋沢・大倉の申請を退けたのである（『伝記資料』一六巻、六三九～六四二）。

渋沢が韓国への支店・出張所設置に積極的であった理由は、為替・荷為替業務、貿易金融を支援するための商業貸付、韓銭と両替して商業上の便益を図るためであった。[2] しかし、大蔵省の嘱託アレクサンダー・アラン・シャンド（Alexander Allan Shand）と三井が時期尚早を理由として渋沢の支店設置計画に反対した。渋沢は政府の支援を受けて韓国に支店を設置することをあきらめ、その代わりに早くから韓国への進出を推し進めていた大倉喜八郎とともに個人事業として釜山支店を開設した。個人事業の形ではあったが、渋沢・大倉による銀行設立（後に第一国立銀行釜山支店に変更）は明治政府の対韓進出を経済的にバック・アップする意味を持っていた。いわゆる「国益」を重視したわけであるが、実際に渋沢らは明治政府の対外膨張という流れに基づいて「私益」を追求しようとしたのである。したがって、渋沢の韓国進出には個人的な関心も大きく働いたことになる。比較的に早い時期である一八七八年に釜山支店を開設したのもそのためであった。[3] 一八九〇年代後半より一九〇〇年代にわたって韓国内における第一銀行の支店・出張所の開設が増加した背景には日本国内における第一銀行の収益率低下という経営上の理由もあった。渋沢は経営停滞の原因を東北地方と北陸地方支店の経営悪化にあったと判断し、これらの地方の支店を廃止して韓国での事業展開を通じて挽回しようとした[4]。

一八八〇年（明治一三）四月一二日には元山鎮の開港とともに第一銀行元山出張所の設置と同港領事館出納業務取扱を請願して許可を得た。実際に出張所を開設したのは同年五月であった。その後、韓国内に第一銀行支店と出張所の設置が相次いだ。その結果、一九〇八年（明治四一）段階で、第一銀行の国内外支店・出張所は全部で二六箇所あり、日本国内に一一ヶ所、韓国に一四箇所、関東州（満州）に一箇所があった。第一銀行が韓国進出に如何に力を入れていたかがわかる。以上の全過程において渋沢が陣頭に立って指揮を執った。その結果、一九〇七年（明治四〇）には全支店の収めた純益金のうち韓国の支店・出張所が四割を超えた[5]。

（2）韓国貨幣制度の調査と刻印付円銀の強制通用

渋沢がはじめて韓国視察に出たのは一八九八年（明治三一）四月二三日であった。東京商業会議所において開かれた送別会の答辞で渋沢は渡航の目的を「支店の巡視に過ぎない」とした。日清戦争時の営業不振により一時期閉鎖まで追い込まれていた韓国支店の営業状況がその後好転したため、その実際の状況を確かめる必要があったのである。しかし、渋沢自らが後に明らかにしたように、より根本的な目的があった。一つは韓国貨幣制度の調査であり、もう一つは韓国政府による刻印付円銀通用禁止措置を解除することであった[6]。いずれも韓国政府の協調が必要であり、同政府を説得するのが渋沢の任務であった。日本政府は一八九七年一〇月より金本位制を採択することによって韓国で通用されていた一円銀を回収しようとした。一円銀の回収は仁川と釜山にあった日本商人たちの通商貿易上の不便を招く恐れがあったため、両地域の日本人商業会議所を中心に刻印付円銀を流通しようとする動きがあった。しかし、総税務司のアレクセーエフ（K. Alexeev）をはじめとした韓国朝野の反対に直面して渋沢は自ら渡韓し、韓国貨幣制度の実状を視察してそれらの問題を解決しようとしたわけである。さらに日本と第一銀行の立場から韓国貨幣制度に対する渋沢自らの意見を整理しようとした意図もあった。この際には「朝鮮はもともと貧弱な国に間違いないが、貿易上の関係においては絶対軽視できない」として両国の通商貿易の拡大を期待していたことがうかがえる（『伝記資料』二一巻、二九九～三〇〇頁）。

一八九八年五月に渋沢が韓国をはじめて訪問した際、高宗《ゴジョン》皇帝への謁見がおこなわれた。表面上、韓国内の支店に対する事務視察を口実として韓国を訪問したが、渋沢が自ら高宗皇帝との面談を希望し、五月七日付で許可を得た。一一日に隆武亭でおこなわれた謁見には渋沢夫妻とともに加藤増雄公使が同伴して出席した。韓国政府からは宮内府大臣・外部大臣・度支部大臣・軍部大臣及び各協辦（＝次官）などが列席した。当日の歓待は非常に手厚かったと伝えられる。渋沢は花瓶一組と織物三巻を献上し、渋沢夫人は花瓶一組を乙未事変で殺された明成《ミョンソン》皇后の霊前に奉納を申し込んで許可を受けた。さらに渋沢は一〇〇〇円の救恤金を寄贈すると約束した。(7) そのころ京畿道の米生産量が落ち込んだため米価が急騰し零細民の欠食が増加しており、渋沢はこの状況を救済する名目で救恤金を出したわけである。(8)

この訪韓中、五月八日に渋沢は大日本海外教育会が経営していた京城学堂を参観し演説した。演説で渋沢は京城学堂に対する寄付を約束した。後に渋沢はこの時約束した寄付金を募集するため一八九九年（明治三二）二月一四日に帝国ホテルにて会合を開催した。同会合には渋沢をはじめとして伊藤博文・大隈重信などの大物政治家たちも多く参加した。渋沢自らが会計監督に就任したことも注目に値する（『伝記資料』二七巻、六五～八二頁）。

そもそもこの京城学堂は同志社出身の小島今朝次郎と神宮茂八により一八九六年（明治二九）四月に設立された、日本語をもって朝鮮人を教育する学校であった。(9) 加藤公使も京城学堂の開校目的を「韓人を教育誘掖し文明的進歩の神精《ママ》を注入する」にあったと言及した。(10) 当時、大日本海外教育会は京城学堂の重要性を強調して、日本政府に補助金を要請し続けていた。特に渋沢が一八九八年五月に同校を訪れた頃には学生数が増加したため校舎拡張がおこなわれた直後で、さらなる政府補助金を必要としていた。帝国ホテルで開催された寄付会合で渋沢は次のようにその趣旨を説明した。

第一に、京城学堂を通じて日本語を習得した朝鮮人を韓国に進出した日本の銀行・会社・商店などで雇えると期待していた。その際に便益を見るのは韓国ではなく日本であると明言した。第二に、渋沢は京城学堂が純粋な商業学校にはなれなくても簿記・日本語手紙の作成・商業実習など商業学校の機能の一部を担当することを希望した。換言すれば、普通の小学校ではなく商業学校の性格を持つ学校に転換することを願っていたのである。実習中心の商業教育を受けた朝鮮人卒業生が韓国に進出した日本の銀行・会社・商店などに就職して日本の韓国進出と商勢拡張に寄与すると期待していた。第三に、京城学堂の分校を木浦と開城に設置することを希望した。当初は南には木浦、北には平壌に分校設置を計画したが、京城との距離が近く高麗人参の生産地であるという経済地理的な条件のため平壌より開城に分校を置くことを希望した。この際に一時的に起業費が三〇〇〇円以上、毎年維持費として五〇〇〇円以上が必要になると予想した。これに必要な経費の調達方法としては一〇万円の原資を作り、そこから生じる利子を以って充当する方法を提案した（『伝記資料』二七巻、七〇～七三頁）。

（3）韓国独立の確保と韓国経済の誘導開発

渋沢の二回目の訪韓は、一九〇〇年（明治三三）一〇月三〇日より同年一一月一二日まで約二ヶ月にわたっておこなわれた。この時、渋沢が韓国を訪れた表面的な理由は京仁鉄道の開通式に参加するためであった。しかし、より重要な業務は総税務司ジョン・マクレヴィ・ブラウン（John McLeavy Brown）と協議して二〇〇万円借款提供契約を実現させ、その代償として海関紙幣発行権を獲得することにあった（『伝記資料』一六巻、一〇九～一一〇頁）。

いったん同契約は成功したかのようにみえたものの最終的には締結されず、日本の意図が韓国朝野に知れ渡る契機となって韓国民の反対・抵抗に直面した。しかし、同交渉が契機となって他日の一九〇二年（明治三五）八月に第一銀行から銀行券が発行されるようになった。

訪韓中であった一一月九日には再び京城学堂を訪れ、一一日には高宗皇帝にも再び謁見した。帰り道には九州と京阪地方を視察したが、この際にも渋沢は自分の韓国視察経験を一般に披露した。一九〇〇年一二月一六日の第二五回竜門社総会でおこなった演説がそれである。渋沢の演説内容を簡単にまとめると以下のとおりである。

第一に、両国の交流が歴史的に長く、韓国より伝来した文物が多いと指摘した。例えば、日本の蹴鞠と類似した遊戯を見て蹴鞠が韓国に起因したのではないかと考えた。韓国より直接渡ってきたものもあり、中国のものが韓国を経て日本に伝来したものもあるとして、歴史的な事実を客観的に認める態度をとった。第二に、韓国の政体を形式上「立憲政体」と看做し、官制もやはり立憲的であると考えた。しかし、実際には純粋な君主専制で政治が国王の意中により左右されると考え形式上立憲であっても生殺与奪権が専ら国王にあったと見た。したがって、地方官は敷金に該当する金銭を出して官職に任命され、任命後には該当官職により生じる収入があったと考えた。この収入の性格を置いてこれを賄賂と判断するか、それとも租税と判断するかよくわからないと批判した上で、自らは職責による役得と判断した。第三に、本位貨幣がなかったため日本の貨幣が通用されている、と韓国の貨幣制度の不備を批判した。日本銀行兌換券も貿易で本位貨幣の如く使用される現実とともに、私鋳の弊害を指摘しながら日本から輸入する商品が多くなる状況で、日本貨幣との価値格差を危惧した。第四に、租税の場合には、日本と同じく租庸調を採択しており、これは日本が韓国の租税制度を受け入れた結果であると考えた。租税制度については租税額に対する指摘より、租税とほぼ同じ金額にのぼる租税徴収費用を指摘した。

渋沢は朝鮮人の風俗と習慣についても述べた。韓国人は軽蔑するほどではない、体格は日本人より大きく筋骨が丈夫で力が強い、資性が柔順で忍耐力が多いため非常に話しやすく可憐な性質を持っていると評価した。その例として鉄道工事に投入されたジゲクン（背負子で荷物を運ぶことを業とする人）労働者の力強さを取り上げた。

最後に米国・英国・ドイツがそれぞれ韓国の利権をめぐって角逐戦を展開している状況をのべ、日本の対韓政策に対して提言した。すなわち、古くから関係深い日韓両国の関係を考慮すれば日清戦争時と同じく韓国の独立を確保しなければならないし、韓国を扶植しなければ日本の権利や利益に少なくない影響を与えるという立場をとった。したがって、今後韓国に対して日本がどのような態度をとるかは、政治家は政治家としての考えるところがあり、自分のような商工業者はやはり経済上の立場から誘導開発してその進歩する程度により日本が如何に利益を得るかを考究すべきである。その利益を将来に扶植し、韓国の誘導開発をはかるためには京仁鉄道とともに京釜鉄道の敷設計画も万全を期する必要があると考えた。結果的に京釜鉄道が全通すれば、韓国内地を開発し、その生産力と消費力を増加させることができれば、結局日本が大きい利益を得ることになると結論付けている（『伝記資料』二六巻、二六七～二六九頁）。

（4）日露戦争後の対韓認識

一九〇六年（明治三九）六月八日にも渋沢は七月七日まで約一ヶ月間韓国視察に出かけた。この時渋沢は北韓地方をめぐり、六月一六日に兼二浦に赴いて韓国興業株式会社に対する業務視察をおこなった。六月一九日に京城に帰ってきた渋沢は六月二八日に高宗皇帝と面談し、翌日の二九日には京城学堂を視察した。この時にも韓国視察談を残し、その記録が『下関実業日報』（一九〇六年七月七日掲載）に残っている。この記録を検討してみると、韓国に対する渋沢の認識に大きな変化は見えないが、日露戦争後韓国に対する日本の支配権が確立した状況に基づいてそれまで自分が構想していた内容がより具体化しつつあったと確信したようである。

開港後まもなくの時期には日本で失敗した人々が一攫千金を狙って韓国に流れ込んだの対し、日露戦争後は韓国における日本の商業上の信用と地位が確固たるものになって漸次「善良な」日本商人の流入が一般化したと見た。京仁鉄道と京釜鉄道の敷設とともに韓国を貫通する商業上の運送手段を日本が独占することになり、鉄道の独占的な利用は運搬費を節減させ、釜山埋立地に倉庫の建設を促進することによって、結局鉄道敷設が韓国人の購買力を高めると予想した。しかし、韓国人は資本を蓄積しても他のところに応用することができない、そうなると金融が豊富であっても地中に埋めておくようなことになってしまうため、商業上の発達が遅れると予想した。しかし、少しずつ改善すると判断し、これは結局朝鮮で活躍する日本人の発展につながると渋沢は確信した（『伝記資料』一六巻、三一六〜三一七頁）。

（5）対韓認識の日本的背景

以上のような渋沢の対韓認識がどのような背景を以って形成したかを理解するため、当時日本の思想環境を検討する。

まず渋沢が幕末に国学思想や尊王攘夷思想に傾いていたことを指摘しなければならない。その中でも三韓征伐に対する神話は民衆にまであまねく広がっており、このような神話はのちにいわゆる「日鮮同祖論」や征韓論の基礎となった。渋沢もその思想的な影響を否定せず「韓国に対する私の考えは、三韓征伐とか朝鮮征伐とか征韓論とかに刺激せられたものであろうが、兎に角朝鮮は独立せしめて置かねばならぬ、それは日本と同様の国であると考えて居たのである」や「神功皇后の三韓征伐より以後、我国は引続き彼国に対し進取的攻略を取り来り、近年特に盛んなりといふべし」と述べたことより窺い知れる。何より渋沢は日清戦争で日本が勝利した以後には朝鮮を経済開発の対象と捉えていたと考えられる。(11) 渋沢は、基本的に日露協商より朝鮮に対する優位的地位獲得を前提とした朝鮮開発を優先視していた。列強の利権侵奪が続いていた状況において朝鮮開発というのは力の優位を前提としたもので特にロシアと対決する可能性を否定しなかったことは注目に値する。日露戦争の時には主戦論の立場に立っていたことも同じ脈略より理解できる。

このような渋沢の考え方は、韓国が処した当時の状況を「韓国は全く農業時代の国にして、未だ工業経済若くは商業経済の時代に達せざる者なり」と評価した。したがって「我は彼の母国の如き感あるを以て」指導すべきであるという優越感につながる。しかし、渋沢は数度にわたる訪韓で目撃した、韓国人を軽蔑する現地日本人の態度に批判的な見解を示した。「(朝鮮に――引用者注)往って帰った人が無暗に朝鮮を誹りますけれども私は努めて朝鮮保護者の位置に立って居る。既に己れの銀行中でも此処に同席して居る市原盛宏君などは口を極めて朝鮮を誹る、私は極めて弁護する」として在韓日本人の無碍な態度を厳に戒めた。さらに高宗と朝鮮政府の高位官僚たちに対し高い評価を下したことは、渋沢の対外認識とりわけ対韓認識と関連して注目に値する。[12]

結果的に渋沢の対外認識は根本的な部分は変わらなかったが、韓国の支配権をめぐる国際情勢が変わるにしたがって具体的な内容に変化が見えたといえよう。すなわち、最初渋沢は朝鮮を日本の利益圏と考える意識と近隣の先進近代国家として朝鮮を保護すべき、という意識が未分化のまま保持されていたが、やがて経営が停滞していた第一銀行を自立させるためにも、朝鮮での事業展開を朝鮮支配権の獲得という国益に合わせながら展開していった。特に日露戦争後になると渋沢の対韓認識はより具体化して日本人本位を前面に出すことになった。これらの意識は当時の日本人にとって一つの典型的な朝鮮観と捉えていいだろう。[13] このような渋沢に対する理解を前提とすれば、のちに日露戦争後の韓国に対する強制併合の動きに対して「合併には不賛成であったが、今考えると已むを得ない、いや寧ろよかったと思う[14]」と回顧したのが納得できる。

三　植民地期における渋沢の継承者たち

(1) 大韓帝国期の渋沢栄一に対する評価

第一節において検討してきたように、韓国の植民地化過程における渋沢の役割は非常に大きかった。特に韓国経済の植民地的再編過程において、金融・鉄道・電気など主にインフラストラクチャーとされる分野で渋沢は自分の名を残した。そのため日本政府は一九一二年（大正元）八月一日に渋沢に韓国併合記念章を授与した。周知のごとく、韓国の近代化過程はすなわち日本による韓国植民地化の過程でもあったため、当時の韓国人の中には伊藤博文・目賀田種太郎・渋沢栄一を「韓国近代化の恩人」と評価した人々がいた。その代表的な人物が韓相龍であり、韓が導く朝鮮実業倶楽部には渋沢を尊敬する者が多く集まっていた。

朝鮮実業倶楽部は、一九二〇年（大正九）三月に韓を中心に一九人の朝鮮人実業家が組織した、植民地期の朝鮮財界を代表する親睦団体であった。設立以後、朝鮮経済の発達とともに朝鮮で活躍する日本人が増えたため、徐々に日本人の会員も増加した。一九三〇年代に入ってから本格化し始めた朝鮮工業化の流れを反映して朝鮮実業倶楽部にも日本人役員が現れ、全体的な倶楽部の運営に朝鮮在住の日本人が多数参加して朝鮮財界の主要メンバーを網羅する組織へと発展した。[15] 彼らによって渋沢は植民地期に入っても様々な形で記憶されることになる。

韓は日本でも「朝鮮の渋沢」と称された朝鮮財界の最高実力者で、銀行・保険・信託業において活躍した自他共に認める金融専門家であった。一九三三年（昭和八）に「朝鮮総督府財務局長の席を万が一朝鮮人に譲るのであれば韓相龍しかその椅子に座る適任者がいない」という評価を受けていたことからも、韓の朝鮮財界における位置がうかがい知れる。[16]

一九二四年（大正一三）一〇月三〇日付『朝日新聞』（日本）においても韓を「日本の渋沢栄一子爵の如き」人物と評価した。当時朝鮮の実業家のうち日本に渡り矢野恒太第一生命社長、佐々木勇之助第一銀行頭取、団琢磨三井理事長、渋沢など日本財界の大物と自由に意見交換が可能な人物はほとんどいなかったからである[17]。

韓は誰より渋沢を師として仰いだ朝鮮人であった。渋沢が第一銀行を基盤として日本資本主義の成立期に約五百社の企業の設立及び経営に携わったことにより「日本資本主義の父」と評価されたように、韓は漢城銀行を土台として韓国資本主義の成立期に約三〇〇社の企業の設立及び経営に関与したと言われる。彼は一生渋沢の教えであった「一人一業」の教訓を守り、様々な官職に対する提案を退け専ら実業界に専念した[18]。韓と渋沢の関係が窺えるエピソードを紹介しよう。一九二八年（昭和三）に漢城銀行の経営悪化に対する責任を負わされ韓は朝鮮総督府から退陣の圧力を受けていた。その時、進展を悩んでいた韓は朴泳孝《バクヨンヒョ》や日本の「先輩」にあたる渋沢・斎藤実・阪谷芳郎・水町袈裟六・宇佐美勝夫などに自分の去就を問う手紙を送った。これに対し斎藤・水町・宇佐美など三人は取締役会長として漢城銀行に留任して銀行整理に協力すべきであると勧めたが、渋沢と渋沢の女婿にあたる阪谷は潔く辞任して再起の機会を待つべきであるとアドバイスした。韓は渋沢の意見にしたがって漢城銀行を完全に離れてしまった[19]。

のちに韓は一九三六年（昭和一一）一一月三日より同月一八日まで日本における朝鮮実業倶楽部会員の確保を目的として東京と大阪を訪問した[20]。その際、一一月一四日に東京経済倶楽部で講演した。同演説で韓は渋沢を韓国の近代化を導いた人物として評価している。伊藤博文統監と目賀田種太郎財政顧問が官僚として韓国の近代化と産業開発のビック・ピクチャーを描いて指導する立場であったのに対し、渋沢は具体的に各種の企業を起こし、近代産業開発のための基幹産業とインフラ整備という側面から土台を構築したと評価した。韓は、渋沢のこうした企業活動が韓国経済の植民地的な再編という大きな流れに便乗した政商的な活動であったことを認識することができなかったと考えられる。日本での活動と同じく韓国においても渋沢が金融・鉄道・鉱山・土地経営など様々な分野で近代的な企業を設立・経営することによって、韓国の近代化及び経済発展に貢献すると期待したのである。政治的な抑圧または経済的な収奪という側面よりも、開発に対するリーダーシップを発揮して社会変化をリードする渋沢の姿に韓は深い印象を受けた。したがって、韓は渋沢をロールモデルとし、朝鮮財界のコーディネーターとして自分を位置付けた。韓国に必要な近代的な企業の設立・経営に参加したのも、韓国に投資しようとした日本の企業家たちが先を争って韓を訪れ投資諮問を求めたのも、彼の持つ朝鮮経済に対する該博な知識と経綸、そして朝鮮財界に対するリーダーシップが認められたためである。

その後、韓は一九三一年（昭和六）一一月に渋沢が没するまで危機に処するたびに持続的に渋沢を訪ね諮問を求めた。朝鮮経済と日本経済の関係を意識して日本内のいわゆる「朝鮮派」を中心としたネットワークの形成に努めた[21]。一九一八年（大正七）には漢城銀行の東京支店が、一九二二年（大正一一）には同行の大阪支店が設置されており、その時に渋沢は徳川家達・毛利元昭・浅野長之・黒田長成など名望家たちの預金誘致を勧誘することによって韓を支援した[22]。一九二〇年一月に漢城銀行が増資を図った際にも韓は渋沢の意見を受容して増資額を六百万円に定めた[23]。渋沢と盛んに交流し一生渋沢の指導を受けた韓と、彼が導いた朝鮮実業倶楽部は、渋沢の死後、彼の功績を讃えるため一九三三年に頌徳碑を建立した[24]。

（2）渋沢の実業道徳と朝鮮実業倶楽部

植民地期韓国における渋沢の活動に対してはあまり記録が残っていない。それはおそらく渋沢が一九〇九年（明治四二）の古希を契機に多くの企業と団体の役員を辞任し、一九一六年（大正五）の喜寿を契機に公式的に実業界を引退した事実と関係があるだろう。この際に渋沢は自分の企業活動の土台であった第一銀行の頭取も辞めた。その後渋沢は社会公共事業に専念した。一九一六年（大正五）、渋沢は自分の経営哲学を収めた『論語と算盤』を刊行した。いわゆる道徳経済合一説を唱えて企業・企業家が利潤を追求するためにその根底に公益を重視する道徳が必要であると力説した本である。(25) このような渋沢の経営哲学は植民地期韓国においても日本人企業家を中心に知られていたと考えられるが、日本人企業と競争しあるいは零細な規模で企業経営をおこなう韓国人企業家たちには渋沢の経営哲学があまり知られていなかったようである。韓国人企業家の立場からは実業道徳を論じる余裕がなかったのである。

以上のような事情は一九三〇年代に入っても変わらなかった。満州事変と日中戦争を経て日本はいわゆる「新東亜秩序」の建設を重視して「日満支経済共同体」の形成に拍車をかけていた。日本は韓国が日満支経済共同体の中心にあって仲介基地として重要な役割を演じると期待した。そうした雰囲気は朝鮮商工会議所の会頭を務めた賀田直治など朝鮮在住の日本人有力者の発言からも確認できる。(26) 朝鮮実業倶楽部の創立二〇周年記念式席上で演説をおこなった賀田は、戦時期における朝鮮実業倶楽部の役割を強調しながらも道徳と経済の結合、すなわち実業道徳の実現という渋沢の持論が朝鮮実業倶楽部の任務となってほしいという希望を明らかにした。賀田の演説は渋沢の道徳経済合一説が戦時期にどのように利用されたかを示している。すなわち、戦時期にどうかすれば疎かになりやすい企業の道徳性を強調する部分があり、続いて道徳と経済を兼備した青年あるいは中堅人物を養成して日本の大陸侵略、特に経済的侵略の先鋒とすべきであると強調する部分があった。言い換えると渋沢の権威を利用していたのである。最後に、賀田は韓と渋沢との関係を述べながらも、継承者の韓が渋沢の精神を植民地期の朝鮮実業界で具現してほしいと後事を嘱した。

韓相龍先生は渋沢青淵翁にも非常に眷顧を受けられ、親愛を受けられて常に渋沢先生の精神を体して我が半島の実業界、社会に臨んでをられることは言ふ迄もないのであります。この実業倶楽部の常にお骨折になつて居る実業道徳、育英、内鮮の一体といふことは、渋沢先生の常に主張しお骨折りになつてをつたことでありまして、今日更に渋沢先生の御意図を顕現することの必要なる時期に際会してをると思ひのであります。かゝる際に韓相龍会長が渋沢先生の御精神を常に体されて、この実業倶楽部にお臨み下さるといふことは、洵に意義深い有難いことであると我々深く敬意を表し感謝を表してをる所でございます[27]。

四　移植資本主義と実業道徳の欠如

以上、制限された史料に基づいてではあるが、韓国近代化及び植民地化過程で展開された渋沢の活躍と対外認識、そして植民地期韓国（＝朝鮮）にあった韓・朝鮮実業倶楽部など渋沢の継承者たちが渋沢を如何に認識していたかを検討した。これまで検討してきた内容に即して本章の持つ研究史的な意義を簡単に触れておこう。

渋沢は帝国主義時代の日本の国策的な要求と自分の政治的な関心、そして第一銀行という中核となる銀行の経営的な観点から韓末の韓国に進出し始めており、さらに植民地化過程で韓国開発のための様々なインフラ設備の構築に力を入れた。この際に軍事的な威力を掲げた日本の韓国侵略過程と韓国経済の植民地的な再編過程で見せた渋沢のリーダーシップに接した韓のような渋沢の継承者たちは、渋沢を近代韓国開発の「恩人」として認識し、植民地期に入っても彼の指導を受けた。植民地期韓国で朝鮮財界の主要メンバーが集まった朝鮮実業倶楽部は渋沢の精神と哲学を具現する組織として認識されていたといえよう。しかし、日本を経て移植された韓国の資本主義は日本の対外膨張政策に動員されることによって量的な拡大だけが強調された。賀田のような朝鮮在住の日本人企業家は、渋沢が一生唱えてきた「道徳経済合一説」も戦争遂行のための論理開発にその権威を利用した。戦争遂行のための量的成長と大陸フロンティアへの進出を強調したわけである。植民地期における韓国資本主義という器に「実業道徳」という中身を埋め込む余裕がなかったといえよう。解放後の韓国の資本主義もまた圧縮成長が強調されるなか、「経済成長」と「実業道徳」を一緒に考える時間も余裕もなかった。韓国において二〇〇〇年代に入ってから経営哲学研究者と企業家を中心に渋沢に注目し始めたのも、成長強調のフレームワークを再検討し得る多少の余裕ができたためであると考えられる。しかし、韓国の人々がなぜ彼らにとって韓国に対する経済侵略の先兵に当たる渋沢に韓国資本主義の今後歩むべき方向に対する解答を求めたのか、歴史に対する無知だけでは説明ができない、歴史のアイロニーではあるまいか。

注

(1)　本章では「韓国」と「朝鮮」を使い分ける。「韓国」は一八九七年より一九一〇年までの「大韓帝国期」と独立後の韓国を指しており、日本統治下の植民地時代の韓国を呼ぶ時には「朝鮮」を使うことにする。少し混乱するかもしれないが、一八九七年の以前も「韓国」と呼ぶことにする。

(2)　株式会社第一銀行『韓国ニ於ケル第一銀行』(第一銀行、一九〇八年)一頁。

(3)　渋沢はのちに「朝鮮に限って実業家の私も政治上の興味を持った。之は歴史に教えられた為であろう」として韓国に対する格別な関心を持っていたと明らかにした。渋沢青淵記念財団竜門社編『雨夜譚会談話筆記』別巻第五、六三九頁。島田昌和『渋沢栄一の企業者活動の研究――戦前期企業システムの創出と出資者経営者の役割』(日本経済評論社、二〇〇七年、三三三頁)より再引用。

(4)　前掲、島田『渋沢栄一の企業者活動の研究』三二七～三二八頁。

(5)　同前、島田『渋沢栄一の企業者活動の研究』三二〇頁。

(6)　一八七八年より日本国内では一円銀貨の流通が認められ、不足した金準備のため事実上の金銀複本位制(事実上の銀本位制)を採択した。一八八五年には一円銀貨との兌換を明記した紙幣(日本銀行兌換銀券)が発行された。一八九七年に貨幣法が施行されると、金兌換の再開が始まり、一円銀貨の金貨との引換と通用停止がおこなわれた。一方、日清戦争以来、朝鮮・台湾では一円銀貨が盛んに流通しており、すぐに通用停止はできず、しばらく「丸銀」の刻印を「一圓」の文字の左側または右側に打って、外地のみ通用を認めた。しかし、実施してみると、丸銀の刻印の有無により通用するしないといった市場の混乱が生じたため、同年に発効した丸銀刻印打ちは、翌年の一八九八年に取りやめになり、一円銀貨の日本国内流通は禁止された。しかしいわゆる「外地」での一円銀貨の流通は続いたため、外地および海外向けの一円銀貨の製造は一九一四年まで継続された。韓国政府は一八九四年の「新式貨幣発行章程」に基づいて銀本位制への通貨改革を推し進めた。一八九八年二月の刻印付円銀の通用の全面禁止はその一環としておこなわれた。韓国政府が砂金をもって日本円銀を導入して銀塊をつくり、韓国独自の銀貨を鋳造しようとしたのである。尹錫範ほか『韓国近代金融史研究』（世経社、一九九六年）四七～四八頁。

(7)　駐韓日本公使館記録　一二巻、一二、本省往来信、（一）渋沢栄一謁見其他ノ件、加藤増雄弁理公使発西徳次郎外相宛（一八九八年五月）。

(8)　駐韓日本公使館記録　一二巻、一二、本省往来信、（二）渋沢栄一ヨリ救恤金寄贈ノ件、加藤弁理公使発西外相宛（一八九八年五月二〇日）。

(9)　京城学堂については、尹健次「日本資本主義の前進基地としての京城學堂――日本のアジア進出の軌跡をふまえて」（『海峡』（朝鮮問題研究会）一一号、一九八二年一一月）四二～六六頁、蔡數道「『大日本海外教育会』に関する一考察」（『法学新報』（中央大学法学会）一二一巻（九・一〇号）、二〇一五年）二三三～二五七頁。それに先立って大日本海外教育会は日本政府の対韓方針に協力したく韓国に学校を設立することにし、一八九五年に同会の会長押川義成（方義）が自ら韓国を訪問して井上公使の協力を得て朝鮮政府と協議してその設立を計画したことがあった。しかし、相次ぐ政治的な混乱により学校の設立作業は中断されたことがある。駐韓日本公使館記録　九巻、三、機密本省往信一・二、（二九）京城學堂へ補助金下附相成度件上申、小村寿太郎公使発陸奥宗光外相宛（一八九六年五月二九日）。

(10)　駐韓日本公使館記録　一二巻、一〇、機密本省往信、（九）京城學堂ノ補助金繼續方ニ関スル件、加藤弁理公使発西外相宛（一八九八年三月一四日）。

(11)　前掲、島田『渋沢栄一の企業者活動の研究』三三四～三三五頁。

(12)　同前、島田『渋沢栄一の企業者活動の研究』三三五頁。

(13)　同前、島田『渋沢栄一の企業者活動の研究』三三六頁。

(14)　同前、島田『渋沢栄一の企業者活動の研究』三三六頁。

(15)　朝鮮実業倶楽部については、金明洙「日帝強占期　朝鮮実業倶楽部의 組織과 活動」（『日本文化研究』（東アジア日本学会）五一集、

二〇一四年七月）二九〜六〇頁（韓国語）。
(16)「論説 闘志満腹の歴代巨頭」（『三千里』五巻九号、一九三三年九月）四二頁（韓国語）。
(17)「韓君から煽てられた人」『朝日新聞』一九二四年一〇月三〇日。
(18)韓翼教編『韓相龍君を語る』（韓相龍氏還暦記念会、一九四一年）一〇〇〜一〇一頁。
(19)金明洙「近代日本の朝鮮支配と朝鮮人企業家・朝鮮財界」（慶應義塾大学経済学研究科博士論文、二〇一〇年）二二二頁。
(20)韓相龍「朝鮮事情に就て」（『朝鮮実業倶楽部会報』一五巻二号（通巻一四八号）、一九三七年二月）一四〜一五頁。
(21)前掲、金明洙「日帝強占期朝鮮実業倶楽部の組織と活動」四八〜五〇頁。
(22)前掲、韓翼教編『朝鮮龍君を語る』一九八頁。
(23)同前、韓翼教編『朝鮮龍君を語る』一九四頁。
(24)本シリーズ『渋沢栄一は漢学とどう関わったか』所収、朴暎美「渋沢栄一を偲ぶ朝鮮の人々」九三〜一一六頁）。
(25)渋沢栄一『論語と算盤』（国書刊行会、二〇〇七年）。
(26)賀田直治「挨拶」（『朝鮮実業』一八巻三号、一九四〇年三月）七九頁。
(27)賀田直治「朝鮮実業の発展と実業倶楽部、渋沢翁の精神を顕現せよ」（『朝鮮実業』一八巻四号、一九四〇年四月）四八頁。

第九章　中国メディアによる報道と渋沢栄一のジレンマ

――一九一四年の中国訪問を手掛かりに――

于　臣

一　同時代中国の「孔子学」と渋沢の『論語』読み

（1）渋沢栄一の中国訪問

渋沢栄一は三度にわたり中国を訪れている。一回目は一八六七年（慶応三）のことで、徳川慶喜の弟がナポレオン三世にパリで開かれた万博へ招かれて、随行員として同行した渋沢が途中、上海に立ち寄った時である。そして一〇年後、清国政府による借款の交渉をめぐって渋沢は三井物産会社長だった益田孝とともに政府に上海に派遣された。本章で取り上げるのは渋沢の三度目の訪中であり、最後の中国訪問でもある。

一九一四年（大正三）五月二日、渋沢は三男の武之助および明石照男、馬越恭平、尾高次郎等とともに東京を出発し、神戸で乗船し、六日上海に到着した。その後、杭州、蘇州、南京、九江、大冶、漢口、武昌、北京、天津、大連、旅順を経て、六月二日に嘉義丸に乗船して帰国の途に着く。滞在中、各地に到着後、渋沢はほぼ毎日のように、中国の官僚や日本人居留民に主催された歓迎パーティーや宴会、ならびに会合に出席していた。移動するとき、中国側の配慮で特別車両まで用意された。

まず渋沢訪中の目的を確認してみよう。随行員の増田明六は「一面に於て趣味の為め、他方に於て日支実業連絡を図らんとするに有り」と説明している（『伝記資料』三二巻、四九四頁）。「趣味」というのは、中国の名所旧跡を回ることで、とくに幼いころから中国の古典に親しみ、孔子を尊敬している渋沢は、山東省曲阜の孔子廟に参詣するという宿願を実現したいと願っていた。「実業連絡」というのは、渋沢が中日実業会社の創始者の一人なので、訪中時に中国の実業家と意志疎通を図ることである。渋沢はいたるところでこうした二つの目的を繰り返し強調している。というのも、今回の渋沢の中国訪問について、一部の外国および中国のメディアは、利権の獲得がその目的であるとみていたからである。さらに実業家としての渋沢の訪中を日本政府の行為とみなし、日英同盟をめぐる渋沢の言論も大隈重信内閣の対中政策と同調していると指摘している記事もあった(1)。

では、渋沢の中国訪問は日本政府とまったく関係がなかったのだろうか。渋沢の訪中に際して、中日実業会社の中国側の総裁である楊士琦《ヤンシーチー》は「渋沢男渡支されては、世評喧しく、却て同公司の事業にも妨あらんかとの懸念」を示した。そして駐華日本公使の山座円次郎は牧野伸顕外務大臣に送った電報において「卑見に依れは、渋沢男の渡支は名実共に単純なる漫遊としても日支両国関係に利益あるべきことは疑なく、支那側に於ても（渋沢男か利権獲得を目的とせられざる限りは）無論相当歓迎すへしとは思はるれとも、楊士琦の懸念も理由あるに付、遠からす、本邦へ渡航すへき中日実業公司支那側代表者の意見をも徴し、且森恪より親しく事情御聞取の上、同公司総会後に於て何分の儀決定せられんこと可然、何れにしても此の際広に発表せらる、ことは不得策と思料す(2)」と述べている。つまり、山座公使は、中国側の猜疑を避けるために、表向きには「単純なる漫遊」という形をとり、大っぴらに外部に宣伝すべきではないとしている。

一方、渋沢本人は政府と違うレベルの国民外交を唱えていた。つまり「所謂国と国との外交のみでなく、国民と国民とが真情を以て交ると云ふ、国民外交の実を挙げる様に勗めなければならぬと信ずる」と（『伝記資料』三二巻、五八三頁）。とくに両国が同文同種の関係であり、思想、風俗、趣味においても共通している点が多いので、相互提携しなければならないと渋沢は主張している[3]。

では、渋沢は日本政府の代弁者だったのか。「同文同種」をベースにした彼のいう国民外交は当時の中国の民衆や現地メディアに伝わったのか。本章は一九一〇年代の日中関係ならびに渋沢の持論を念頭に置きながら、訪中時の渋沢の言動に対する現地のマスコミやメディアの見方をとりあげることで当時の中国がどのように渋沢をみていたか、また何故そうみたのか、その原因を究明したい。

（2）現地の官員に歓迎された渋沢栄一

渋沢は二〇世紀初頭からすでに中国にその名を知られていた。中国清末の教育者である羅振玉《ロージェンユー》は一九〇一年（明治三四）に教育事務視察のために来日した際、神田でわざわざ『青淵先生六十年史』を購入したことがある。羅の日記には渋沢に関する次の記述が残っている。「青淵が渋沢栄一の号なり。渋沢氏は日本の実業の大家で、銀行、鉄道、印刷、電車、郵船、電線、電話などの実業の発達はすべて先生の啓発指導によるものである。彼は三〇年間にわたって実業に取り組むことで、日本の今日の繁栄をもたらした。彼は偉人なり。そのうちに（この書籍を――引用者注）抄訳して冊子を作り、中国の実業家たちに勧めたい[4]」と。ここでは実業家としての渋沢の功績に触れているものの、道徳説をめぐる紹介は見当たらなかった。

訪中後、五月六日に上海の日本人倶楽部で開催された居留民有志の歓迎会において、中国赤十字会副会長の沈《シン》仲礼《ジョンリー》は渋沢に対する印象を次のように述べた[5]。

> 予は嘗て欧州に遊学せし[6]際、在留貴邦人に接し、屢々渋沢男の実業界に於ける令聞を耳にせり、（中略）男（渋沢――引用者注）は其青年時代に於ては中国の論語・孟子等の漢籍によりて修養の功を積まれ、幾十年を通じ

て一貫せらるゝ主義は、依然孔孟の遺教に外ならずと謂ふ、即ち知る渋沢男の今日ある偶然ならざるを、今や啓蒙の感あると同時に、転た慨嘆に堪へざるなり、我国も従来多数の留学生を洋の東西に派遣して新智識の輸入に汲々たり、新学の勃興素より可なり、されど孔孟の教を以て修養する人にして更によく新学を修め、相応じて事に当らんか、大事業の成就期して待つべきなり、由来我国人は少年時代より孔孟の教を学ぶにも拘らず、一も之を実行するなきを省みて遺憾なきを得ざるなり、須く反省熟慮して可ならん。

ここで沈は孔子・孟子の学問を修めた渋沢の素養を評価している。「一貫せらるゝ主義」が指すのは論語算盤説ではないかと考えられる。さらに沈の発言からもう一つ伺えるのは当時の中国における新学、すなわち西洋の学問と孔孟の教えとのギャップである。

一方、中国当時の世相について『東方雑誌』[7]は奢侈、円滑、僥倖、急進、欺瞞という五つのキーワードで捉えている。とくに新学が興った後、学生は官界と教員という二つの進路しか選ばず、我慢して商工業に従事しようとしないと言われている[8]。これは明治大正期の日本が直面している課題と共通しているといえよう。渋沢は実業を蔑視し、官僚、教員を目指す当時日本の教育事情を大いに非難したことがある（『伝記資料』二六巻一三八頁）。沈は「孔孟の教」を修得したにもかかわらず一向に実行しない当時の中国社会を批判することで、論語の実践者であると見なし渋沢を高く評価したのである。

次に当時中国の実業家がどのように渋沢をみているのか、紹介しよう。五月一五日、漢陽鉄廠を視察するとき、支配人の呉健《ウージェン》が午餐会を催し、次の歓迎の辞を述べた[9]。

惟ふに支那の現状の不安定なる恰日本封建時代の如し、男爵が過去に於て苦辛せられたる経歴に照して、今日弊邦の情勢を視察せられなば、蓋し思半ばに過ぐるものあるべし、吾人は此点に於て男爵の高教を待つや頗る切なり、凡そ両国の平和を永遠に維持せんと欲せば、経済関係を密接ならしむるに如くはなし、吾人は男爵今回の旅行が中日両国の国利を増進し、且つ其親交上多大の効果あるべきを期待するものなり、吾人の男爵を歓迎する所以、実に此に存す。

呉は中国が混乱している状況を指摘し、両国の平和および国利の増進における渋沢の訪中の意義を認識したうえで渋沢の来訪を受け入れたのである。実際、正式な会合以外に渋沢はしばしば個別に呼ばれ、両国の商業関係や視察から得た意見を求められていた。

（3）中国における孔子学の国教化運動

訪中の間、渋沢は昼食会や晩餐会での即興の講話以外に一五回以上の講演をおこなったといわれている。[10] それらの演説の中で渋沢は『論語』を屢々取り上げた。つまり「余をして儒教の本場たる中国の到るところにて、しばしば論語を講ずるの奇観をさえ呈せしめたのである」[11]と。その演説ぶりに関しては、明石照男は「閣下が月余に亘りて縷々説述せられし千言万語は、錦玉の辞たるを失はずと雖も、要は閣下の年来唱道せられたる論語算盤の主義を敷衍せられし（中略）人を見て法を説く、豈に啻に宗教家のみなりとせんや、此の如き多趣《ママ》多様の言辞につき一々其の妙諦を描写するは、これ亦余の能くする所にあらざるなり」と回想している（『伝記資料』三二巻、五一一頁）。明らかに渋沢は講演では持論の論語算盤説を話題としている。とくに注意したいのは、演説の語り口である。「人を見て法を説く」というのは聴衆のニーズに応えながら選ぶ話法であろう。でも明石が日本人の随行者として理解した、渋沢の多種多様な言葉遣いを通じて表現されたその「妙諦」は当時の中国の聴衆も体感できたのか。

五月九日、蘇州の留園で開かれた歓迎午餐会で渋沢は持論の論語算盤説を取り上げ、「今日我邦に於ても実業家の多数が、単に算盤を主として論語の漸く忘れらんとするは嘆かはしき事なり、予は道徳を主とする算盤の支那に行はれんことを希望して已まざるなり」と述べた（『伝記資料』三二巻、五三〇頁）。その発言を聞いた現場の人士は「頗る満堂の人士を感動せしめたり」とあるように大いに感動したとされる。

ただ当時、中国の社会全体での孔子に対する評価は、尾高次郎の回想によれば違う様相を呈していた。すなわち、「自分等が漫遊中支那人に就いて驚いたのは、支那人が孔子に対する尊敬の念の薄い事である。支那人の多くは孔子を以て、一の喋舌る人であって実行の人でないと見て居る、故に論語の教への如きは取るに足らず、若も孔子の教へを奉ずる時は却って其の国が衰亡するものとまで云ってゐる。男爵が孔子を尊敬し、中華民国の官民が論語を軽んずる所は、全く雪と炭の相違で、彼等は商売と道徳を別物と思ふて居る」と（『伝記資料』三二巻、五七一頁）。

尾高の回想から二つのことが判明する。一つは、孔子は当時の中国において人気がなく、また孔子の教えを奉じることは逆に国が危うくなると捉えられていた。もう一つは商売と道徳の両立が中国では見られないことである。では実際の中国はどうだったのか。

一九一一年の辛亥革命によって専制君主制が倒され、アジアで最初の共和国が成立し、西洋の民主、自由、平等の原則が導入された。こうした背景の下で、「忠君」「尊孔」を趣旨とする封建主義教育方針は批判され、民主主義的教育への変革がおこなわれた。こうした動きが孔子をはじめとする儒学の存在に衝撃を与えたのは事実である。しかし一方、伝統的政治体制と教育方針における重大な変動は新しい社会秩序に対する民衆の不信感をもたらし、なにを精神の支柱にすべきか、民衆の信仰に危機が訪れた。こうした情勢に直面しつつ、朝野上下の守旧派は孔子尊崇の旗揚げをし、孔子学を国教化する運動まで現れたのである。[12]

一九一二年初頭から一九一六年末ごろまでは孔子尊崇運動の生成、発展、盛期であるとされる。[13] 孔子学の国教化運動も康有為《カンユーウェイ》およびその弟子の陳煥章《チェンファンジャン》によって推進された。一九一二年一〇月に陳煥章は上海で孔教会を創立したのがきっかけで各地に分会が設立され、一九一四年初めまで上海、北京、天津、済南、西安、成都、蘭州、ニューヨーク、東京などで一三〇以上の分会が設立されたという。[14] 国教化をめぐる政府への働きかけに関しては一九一三年八月、孔教会の代表の陳煥章、厳復《イエンフー》、夏曾佑《シャーゼンユー》、梁啓超《リャンチーチョー》、王士通《ワンシートン》等が政府に「孔教会請願書」を提出した。[15] それと同時に、袁世凱《ユェンシーカイ》（一八五九～一九一六）をはじめとする北京政府も孔子尊崇の旗揚げをし、一九一三年六月に「尊崇孔聖令」を発布した。九月に教育部は全国へ旧暦八月二七日を孔子の生誕日とし、各学校は一日休校し祭祀の典礼を実施するよう指示した。さらに一一月に『尊孔典礼令』、一九一四年二月に『規復祭孔令』、ならびに『尊聖典例令』を頒布し、各省に孔子を祭るよう命令した。[16]

渋沢は五月二一日に袁世凱と会見した。袁世凱は「聖廟に赴かる、よし予ねて拝聞せり、さて中日の関係たる、其の淵源する所頗る遠く、一朝一夕の事にあらざるは説くの要なけん、されど向後も両国の親善なる交誼を鞏固に保持せんと欲せば、其の経済上の関係を密接ならしめざる可からず、これ予が中日実業会社の事業に賛同し、楊士琦をして之に加はらしめたる所以なり、何卒充分此上の御尽力を煩はしたし」と語ったという。ここから、袁は渋沢の孔子への憧れを事前に知り、両国の親善については渋沢と同調していることが分かる。中日実業会社に関しては後述するが、少なくとも文化面の親近感より実業上の協力が可能だという視点は渋沢と一致しているといえる。まさに渋沢が答えたように「御言葉真に辱く拝承せり、閣下の言はる、所は平素自分の懐抱する卑見と符節を合するが如し」と（『伝記資料』三二巻、五四二頁）。

袁世凱のほかに、渋沢が訪中時に会った人物も多くは孔子学の国教化運動に同調していた。たとえば、梁啓超は請願者の一人であり、杭州の都督朱瑞《ジューリー》は国教化のことを憲法に書き入れようと政府に打電した。徐世昌《シューシーチャン》も一九一三年四月に北京で孔社を設立し、事務長を務めたことがある。

これらの国教化運動に対して、革命派知識人の一部である国粋派学者は異議を唱えた。彼らは封建王朝を打倒する政治革命を主張すると同時に、伝統文化への再評価を図った。その代表格の一人である劉師培《リュウシーペイ》は『中国白話報』で「孔子伝」を発表し、孔子学の位置づけを分析した。彼は孔子を教主、宗教家、聖人としてではなく、普通の教育者として見ている[17]。一方、孔子が政治に利用される羽目になった要因について、劉師培は民権より君主の権利を強調した孔子学の限界を指摘した[18]。

次に当時の中国メディアの反応を見よう。まず当時の国民の道徳はすでにどん底まで堕落していると指摘する記事がよく見られる[19]。とくに辛亥革命という戦乱が終息した後、秩序がまだ安定していない間、現状を維持しつつ、平和を守るためには道徳、孔子の学問が必要だと論じられる[20]。しかし孔子の学問をはじめとする伝統思想は道徳心の涵養に役立つかもしれないが、わざわざ国教化する必要があるか、意見が分かれている。国教化の問題は純粋に宗教自身の問題にとどまり、人民の道徳と毛頭関係がないという観点もある。すなわち、孔子を祭祀する礼儀が消滅したとしても人民の道徳はすぐ地を払うこともなければ、国教化が実現したとしても人民の道徳は一夜にして向上するものではないということである[21]。

その後もしばらく国教化の論争が続いたが、結局、一九一七年七月、張勲《ジャンシュン》の計画した帝政復活が茶番劇に終わった後、孔子尊崇思潮は衰退期を迎えるのである[22]。

いずれにしても当時の思想界は混乱の最中にあり、尾高のいう民衆の孔子への無関心はその一面を表している。ただ、国教化する必要性があるかどうかにもかかわらず、孔子が代表した儒学の道徳面の重要性は認められている[23]。また、「孔子」という人物の存在があってこそ、渋沢は訪中時に中国の官僚と会見でき、積極的な意見交流も実現できたのではないかと考えられる。

二　中国メディアの不信感と警戒

（1）揶揄された経済道徳説

「同文同種」の親近感および孔子学への憧れがきっかけで渋沢は中国の官民に歓迎された一方で、その経済道徳説は現地の新聞紙に不信感を表明された[24]。

渋沢氏は、経済の道は利己であるとともに利他でなければならず、仁愛を根本とし、断じて戦争により勝敗を争い、争いにより奪い合い、他を損ねて自己を利することになぞらえることはできないと言っている。これはまことに温厚な言葉である。しかし、最近の商戦の趨勢を見ると、奪い合いの争いをし、他を損ねて自己の利を求めることは、戦争よりもひどい場合がある。日本人による南満州の経営を例に取ると、どこが中国を利しているのか。投資は他国侵略の先駆であり、道路、鉄道の実業は人を死に追いやる導線であって、各国もまたそれを直言してはばからない。渋沢氏の言葉はまた、理想の言葉にすぎない。世界の道徳の進歩を願うが、氏が言うようになるのは、あと何十世紀先のことになるのだろうか。

『申報』に掲載されたこの評論は弱肉強食の時代においては渋沢の説が理想論に過ぎず、道徳の進歩が望めるものではないとしている。また商戦というものは戦争よりずっと残酷だとみている。一方、渋沢は帰国後、大阪経済会が主催した歓迎会で「実業を以て平和の戦争と云ふも、予は之を信ぜず、抑も戦争に於いては、勝者は偉大なる利益を得、敗者は甚しき創痍と損害とを受く、然れども商売は此の如きものにあらず、売買双方とも是に依り相当の利益を得るを本旨とするが故に、戦争と同一視して此間兎角の邪推を挟むべきものにあらず」と述べ、戦争と異なり、商売は売買両方が利益を獲得できると主張している（『伝記資料』三二巻、五九三頁）。「商戦」をめぐるこうした認識の相違は、近代以降における日中両国の利害関係に緊密に関わったものである。

周知のごとく、一八四〇年のアヘン戦争で英国に敗れた清国は、領土の割譲以外に関税自主権の喪失や領事裁判権の承認などを含んだ不平等条約を締結させられたのである。さらに日清戦争で無残な敗戦を喫した清国政府は、下関条約を結ばされ、半植民地化の道を余儀なくされた。清国政府は日本に巨額の賠償金を支払うために、外国銀行からの多額の借款に頼るしかなかった。そのために関税や塩税などをその担保に充てざるを得なくなり、重要鉄道の投資・敷設権や鉱山採掘権も仏国、ドイツ、ロシアに奪われ、中国沿岸の重要港の大部分が外国の租界となった。その後の日露戦争でも勝利した日本はロシアから旅順大連での利権のみならず、南満州鉄道の経営権を入手することになった。

渋沢の経済道徳説に異議を唱えた上記の評論は、日本の南満州での経営を論拠としていたのである。同時期の『東方雑誌』は「南満州鉄道はわが国の存亡に緊密に関わる。日本人の意図は決して交通の便利さにとどまっておらず（中略）、その目的は営利を狙うだけではなく、満州を開発する一つの機関を造ろうと企てている。（中略）日本政府の代わりに鉄道、港湾、海運、ホテル、石炭、電気・ガス、地方都市建設、ならびに試験所の設置という八項目の事業に取り組んでいる」[25]と分析し、日本の植民地経営が中国の亡国をもたらしかねないと危機感を示した。実は、一九〇五年頃から列強の借款による利権獲得競争は中国国民の国権回復熱を激発させた。上記の評論はまさにこうした背景のもとでおこなわれたと考えられる。

しかし、渋沢は「余の見る所に依れば、支那の現状は近世的産業組織未だ充分に発達せず、開拓の余地頗る豊富なる国柄なれば、其宝庫を開き国富を発展せしめんには、勢ひ自国に欠乏する資本と産業上の智識技能とを輸入しなければならぬ、故に此点より考ふれば、偏狭なる思想に囚はれて絶対に利権附与を拒絶するは、策の得たるものではない」と述べ、各産業が発達していないのに、他国に利権を与えるのを断るのは「偏狭なる思想」だと捉えている（『伝記資料』三二巻、四九五頁）。明らかに中国のナショナリズムに対する渋沢の理解は頗る不足していた。

（2）疑われた中国保全論

上海の『神州日報』は渋沢を政府の代弁者とし、その発言は大隈重信の主張と一致しているとみていた[26]。また、同時期の『東方雑誌』は大隈の「三たび東方の平和を論ず」という論説を取り上げた。その一節を引用しよう[27]。

支那の安全を保ち、その文明を開発し、かくして東洋の平和を支持するという事は日本にとって避くべからず、ほとんどこれを我が使命なりと称して可なるほどである。（中略）日本と支那とは同種同文である上に、（中略）思想、感情、風俗、習慣、皆その源を一にし、その関係漆膠の如く離るべからざる（中略）而して文明の程度に於て日本は支那に対し一日の長あるゆえんを以て、将来支那を促し、それを世界最高の文明に進むるには、日本は当然その扶掖提撕の任に当たらなければならぬ。これ日本に於ける天の使命である。

ここから分かるように、政治家の大隈は確かに「同文同種」関係にある中国の平和を守ることを日本の天命とみなし、両国が提携して「世界最高の文明」を目指すという理想論を提示している。また、渋沢が実業家としてこうした中国保全論に同調していたことも確認できる。一九〇〇年（明治三三）、渋沢は「私が商業上の意念から望む所は、どうか支那の国を保全して、之を互に分割するとかどうするとか云ふ事をせずに置て、商工業の利益を進めたいものである。私のみならず商工業者の一般も亦此の望を持て居る事と思ひます」と語り、実業家の立場から中国の保全を望んでいる（『伝記資料』別巻第六、二九〇頁）。したがって中国保全論をめぐる渋沢と大隈の論調が似ているという『神州日報』の判断はある意味で当たっているといえよう。ただ、同紙は両者の立場の相違を問わず、利権の獲得を目指すものとして渋沢の発言に隠される日本政府の思惑を分析している。つまり、「表面的には懐柔の手段を通して中国と交歓しつつ、機に乗じて実業上の拡張を図り、平和のうちに多くの権利を得ようとする」[28]と不信感を露わにしている。これに対して当時、中国で刊行された『順天時報』は渋沢への誤解は、渋沢本人に対する失礼なことであるのみならず、日中両国民の感情にも悪影響を与えると反駁している。[29]同紙からみれば渋沢の訪中は政府と関係もなければ、利権取得の目論見もないのである。

一方、『順天時報』の特徴について、一九二六年に『中国報学史』を著した戈公振は中国の内政に関する報道が多く、日本の外交政策と同調していると論じている。また、同紙は日本政府の外交の後ろ盾を借りて中国人同士を離間する手段を取っていたとされ、痛烈な批判を浴びた。[30]なお、同紙が日本政府の政策と同調している一例として、一九一四年六月六日付の「日本の対中外交」という論説があるが、そこでは「日本の対中外交の根本にある主義は中国の領土の保全、中国の門戸開放、機会均等の維持にほかならない」と。さらに同紙はいくら日本の内閣が変わろうともこの主義が変更することがないともみている。[31]

次に、無視できないのは『順天時報』と東亜同文会の関係である。創刊者の中島真雄は東亜同文会の設立に中心的な役割を果たした人物である。[32]東亜同文会は中国領土の保全を基本的な理念として[33]一八九八年（明治三一）一一月に東亜会と同文会との合同によって設立され、当時の貴族院議長の近衛篤麿が初代会長を務めた団体である。興味深いことに、渋沢は一九一四年三月に東亜同文会の相談役に推され、一九二二年（大正一一）二月同会が財団法人化した後、評議員・相談役に推薦され、逝去するまで在任していた（『伝記資料』三八巻、二七五頁）。

これまで論じてきたように渋沢はもちろんのこと、大隈内閣の対中政策にせよ、東亜同文会の初期の方針にせよ、中国保全を唱導している点においては共通点があるといえよう。ただ、中国現地のメディアは日本政府や非政府団体の対中政策に強い警戒心を抱いていた。当時の『正誼』雑誌には次の社説が載せられている。

各新聞メディアおよび学者は中国を第二の朝鮮とみなしている。なぜかといえば、辛亥革命以来、中国の政局が安定していないからである。日本の対中政策において、南進主義と北進主義がある。北進主義は外交派（条約締結を侵略の手段とする――引用者注）と陸軍派（武力依存――引用者注）に分かれている。なお、対支同志会や対支連合会などの各種団体も積極的に政府の対中政策に関わっている。政府派が中国事情の隙間を虎視眈々と狙い、国全体を安定させないようにする。また浪人派のひとたちは破壊分子と連合し、機会に便乗して破壊活動を企てる。(34)

ここには東亜同文会という団体の名称こそ出てこないが、日本側がアピールした中国保全論に対する中国メディアの不信感は、この一節からも容易く読み取れるだろう。

三　日中交流史における渋沢訪中の意義

中国訪問の動機について渋沢が「政治的な使命はない」と強調したにもかかわらず、一部中国のメディアの憶測は絶えなかった。換言すれば渋沢は日本政府の代表と見なされ、その結果、政府間の外交と異なる国民外交論も必ずしも伝わらなかった。

何故か。筆者からすれば、渋沢の思想構造そのものに問題があるのではないかと思う。そのなかで、「利権」問

題に対する渋沢の独特な視点は特筆に値する。(35)

利権獲得と云へば、一見彼の国民を圧迫するか強制するかの如く聞ゆるも、実際は決して然らず、予は実業上の利権獲得なるものは、経済の原理に基く有無相通ずるものに外ならずと信ず、何となれば今日の支那には遺利頗る多し、然れども彼国民現在の程度にては、自ら之を経営し、其利益を挙げ、己を益し、世を利するの力なし、左れば我と彼と共同し、彼の及ばざる点は、我之を補ひ、彼此共に利益を得んとするに外ならず。

ここで、渋沢は実業上の利権を、自分なりの「有無相通ずる」経済の原理を基準に考えており、他国への経済的侵略につながる側面――中国のメディアの批判の矛先――を見落としていた。さらに彼は当時、中国で起っていた利権回復運動を理解しようとする姿勢を見せなかったのである。

また、強引に日中間の経済交流を「政治」から切り離そうとするのも渋沢の限界ではないかと筆者は考えている。次に中日実業会社の設立と運営を一つの例として取り上げよう。

この会社の前身は一九一三年六月に孫文《スンウン》（一八六六～一九二五）と渋沢が発起人として創立したもので、資本金は五〇〇万円、日中両側の共同出資により運営される。商号は中国興業株式会社、中国名は中国興業公司と名付けられた。経営内容は企業への直接または間接の資金供給および融資、各種債権の応募と引き受けなどである。設立の主旨は、両国の親交を深め、経済的協力を目指すものである。ただ、その経営はたびたび政局の変動によって翻弄されることになる。というのは、当時、辛亥革命後の混乱が続き、国全体は統一されておらず、北洋軍閥（北方派）や南方革命派（南方派）の対立があったからである。最初のうちは、北方派側は、この会社は日本が南方を援助するために設立されたものと誤解していた。第二の革命(36)が失敗に終わった後、南方派を指導する孫文が失脚し、政権は北方派の袁世凱に握られた。かくして会社はその運営方針等の変更を余儀なくされた。その結果一九一四年四月に会社名は中日実業会社と改称されることになった。

袁世凱は、会社が南方派の国民党側に利用されることを恐れ、それを自分の管理下に置こうとした（『伝記資料』五五巻、一〇〇～一〇一頁）。そのために、一九一三年一一月、袁世凱はすでに渋沢の訪中を誘った。その理由は「当会社（中国興業公司――引用者注）を中華民国政府の実業開発機関とし、且つ、両国親善の楔たらしめたき趣意を以て、親しく意見の交換を行ふため」だという（『伝記資料』五八巻、九四頁）。ただ、その時は、渋沢が風邪にかかったため、副総裁の倉知鉄吉が代理として派遣されたのである。

ようやく、訪中を実現した渋沢に対して袁世凱は、日中経済連携への期待を示し、日本の対中政策を変更させようとする政治上の意図を隠した。渋沢に対する、前述した各地の官民の熱烈な歓迎ぶりはこうした背景とまったく関係がないとは言い切れない。

一方、実業家の立場から、渋沢は袁世凱のことを「単に武人的政治官たるに止まらず、近世稀に見る実際経済家なり」と評価したのである（『伝記資料』五八巻、五四六頁）。これは当時、袁世凱を政治家としか見做していない中国のマスコミに十分ショックを与える見方だと考えられる。

五月三一日に大連の遼東ホテルにて満州日日新聞の記者と面談した渋沢は、中日実業会社の発展史と中国における南北両派の対立との関係について「本公司は政治政策と全く没交渉にして純然たる実業本位の会社なれば南に頼るも北に組するもそれは余の関知する所にあらず所詮支那に於ける各種の事業を有効に而も健全に発達せしめて日支両国の経済的親善を多々益々強固ならしむるに在れば政権の何人に帰するも本事業の促進上何等支障なかるべし」と述べている[37]。ここで「政治政策と全く没交渉」、「純然たる実業本位の会社」という発言は、政治と距離を置こうとする渋沢の実業家の本領を表しているが、会社の運営は政治との関わりなくして可能であろうか。しかも政権をだれが握ったとしても、会社の発展に支障がないだろうという見通しも楽観的すぎるといえよう。

筆者からすれば、日本であろうと中国であろうと、近代実業の発展はあくまでも「政治」と不可分な関係にあると言わざるをえない。そして、これは当時、日中両国における実業界の交流が直面していた難問でもあった。

一方、渋沢のみならず、袁世凱をはじめ、中国側の官僚も両国の関係に言及したりと、双方が同文同種のことをよく口にする。[38]しかし、当時のマスコミの様々な憶測が飛び交っていたことからみれば、相互不信は簡単に解消できるものではない。

上海の『神州日報』は「注意すべき日本の対中政策の変遷」という社説で「改めて日本の在野の者の一側面を見た限り、中国を侮蔑する態度が少しも変わっていないと感じている[39]」と論じ、中国を蔑視する日本の一側面を捉えているのに対して、日本の『順天時報』は「英文北京日報の誤った議論に対する反駁」という論説において、中国保全論に触れつつ「保全される者が嬉しいかどうかは問題にする必要はなく、その功は否定できない[40]」と述べ、中国国民の感情を理解しようとする姿勢がみられない。

新聞メディアとやや違うかもしれないが、渋沢も必ずしも対等的立場で中国を見ていない。[41]

我国は地理上より言ふも又従来の関係上より言ふも、東洋の盟主となり、清韓の富源を拓き、清韓の文明を扶翼せざるべからざれば、決して今日の京釜鉄道や京義鉄道、又は長江筋の航行を以て満足すべきにあらず特に戦後に於ては欧洲列国の東洋に着眼して商権拡張に努むべきは一層盛大なるべきを以て、我国に於ても啻に之と比肩して利権を争ふに止まらず、更に進みては嶄新一頭地を抽づるの覚悟なかるべからざるに於てをや。

ここから分かるよう、渋沢は日本を「東洋の盟主」と認め、欧米列強に対応しつつ、海外市場の拡大と資源の獲得を狙う存在と考えている。と同時に、彼は「我等が日本の利益を図ると同時に支那の利益をも図かり、利益と徳義と一致せしむるの道を以て相交はれば、茲に初めて提携の実を挙げ得る」と言い、徳義に基づく日中の利益共有も唱えていた（『伝記資料』三三巻、四九五頁）。さらに中国との経済的関係を密接にし、「真摯質実」の行動を通じて中国の実業界の発展を促進すべきと語った。つまり「実業家は如何の態度を保持すべきかと云ふに唯一意支那との経済的関係を密接にし、真摯質実の行為を以て支那の実業界の発展を促進すべきなり」と（『伝記資料』三三巻、五四一頁）。ただ、中国のマスコミは渋沢のいう「真摯質実」をどれくらい受け入れたのだろうか。渋沢の真意が十分に伝わっていないことはこれまでの論述から判明する。

一方、日本の『時事新報』に「支那新聞紙の所報に拠れば男の来京は日支実業関係の上に絶大の効果を現はし北方実業家の誤解も解け一般の気受良好なり[42]」と記述してあるように、渋沢の努力が確かにある程度中国の人の誤解を解消したという意味では、よい効果を収めたとも言える。ただ、渋沢の訪中によってその誤解が完全に解けたとは考えられない。何故かといえば、渋沢の交流活動は中国社会の上層部の人々にとどまったからである。また、渋沢が出席した会合において、中国語を話せない彼は筆談や通訳を通じてしか中国側の人員と交流できない以上、上層部の人々とでもどの程度まで交流を深められたのかは疑問である。

しかし当時、日中両国における相互理解の不足、とくに実業家間の交流が少なかったのは事実である。孫文は一九一三年二月に来日の際、華族会館でおこなわれた東亜同文会歓迎会において「日支両国は御互に意思の疎通が充分で無い。従て両方とも如何なる政策を以て進むべきかさっぱり分らない、そこでもって或は他の第三者に耳を傾けると云ふやうになる、誠に遺憾千万の状態と云はなければなりません[43]」と述べ、両国における意思疎通の欠如に遺憾の意を表していた。日中両国が人員往来などを通して相互理解を達成できなかったという状況下で渋沢が現地の官僚と直接交流を実現し、十分に理解し合えなかった問題はあるものの、次のステップを用意する可能性を作ったと言える。こうした意味でいえば、一九一四年渋沢の中国訪問は日中交流史における重要な出来事の一つとして銘記すべきであろう。

注

(1) 田彤編／于臣訳『渋沢栄一と中国――一九一四年の中国訪問』(不二出版、二〇一六年)一七七頁。
(2) 外務省『日本外交文書』第二冊、一九一四年、事項一〇「中日実業株式会社ニ関スル件」。
(3) 『論語と算盤』(忠誠堂、一九二七年)三一三～三一五頁。
(4) 「扶桑両月記」『雪堂自述』(江蘇人民出版社、一九九九年)六五頁。
(5) 「渋沢男爵支那漫遊中の演説及ひ談話の梗概」(『竜門雑誌』三三六号、一九一六年(『伝記資料』三二巻、五一六頁))。
(6) 沈は一九〇一年以前に米国、英国に留学したことがある(https://zh.knowpia.com/pages/沈仲禮(最終閲覧日：二〇一九年八月一九日)。
(7) 一九〇四年に商務印書館が創刊した強い影響力を持っていた総合雑誌である。発行期間が最も長かった雑誌で一九四八年に休刊。初め月刊、のち半月刊で発行され、国内外の政治、外交、軍事、実業、教育などを報道・評論した。
(8) 銭智修「消極道徳論」(『東方雑誌』一〇巻四号、一九一三年一〇月)一～五頁。
(9) 「渋沢男爵支那漫遊中の演説及ひ談話の梗概」(『竜門雑誌』三三六号、一九一六年(『伝記資料』三二巻、五三五頁))。
(10) 李廷江『日本財界と近代中国――辛亥革命を中心に』(御茶の水書房、二〇〇三年)二八三頁。
(11) 『論語と算盤』三一六頁。
(12) 倪芳芳「民国初年的孔教争議」(『元培学報』四号、一九九七年)一六〇～一六一頁。
(13) 張衛波『民国初期尊孔思潮研究』(人民出版社、二〇〇六年)二九頁。
(14) 左玉河「民国初年的信仰危機与尊孔思潮」(『民国研究』(南京大学中華民国国史研究中心)、一号、二〇一〇年)一三六頁。
(15) 沈雲龍編『民国経世文編』(『近代中国史料叢刊第一輯〇四九二～〇四九八』文海出版社、一九六六年)五一二〇～五一二七頁。
(16) 前掲、左玉河「民国初年的信仰危機与尊孔思潮」、一四四～一四五。
(17) 『中国白話報』一三号、一四号、一九〇四年。

(18) 前掲、『中国白話報』一三号、一九〇四年。
(19) 「予之国民同等救済策　普寧方南崗」(『内外時報』二〇〜二二頁(『東方雑誌』一〇巻七号、一九一四年一月)。
(20) 高労「国民今後之道徳」(『東方雑誌』一〇巻五号、一九一三年一一月)一〜六頁。
(21) 「国教評　録進歩雑誌」(『内外時報』一六〜二〇頁(『東方雑誌』一〇巻七号)。
(22) 前掲、張衛波『民国初期尊孔思潮研究』四三頁。
(23) 前掲、倪芳芳「民国初年的孔教争議」一六〇〜一六一頁。
(24) 雑評「渋沢氏の経済道徳談」『申報』一九一四年五月二七日。
(25) 「日本南満鉄道公司経営史　録神州日報」(『内外時報』三〇〜三八頁(『東方雑誌』一〇巻七号)。
(26) 前掲、田彤編／于臣訳『渋沢栄一と中国』一七七頁。
(27) 早稲田大学『大隈重信演説談話集』(岩波書店、二〇一六年)三一一〜三一二頁。
(28) 前掲、田彤編／于臣訳『渋沢栄一と中国』一七八頁。
(29) 同前、田彤編／于臣訳『渋沢栄一と中国』一一三〜一一四頁。
(30) 戈公振『中国報学史』一九二六年(『民国叢書第二編四九』上海書店、一九九〇年)八〇頁、一一〇頁。
(31) 前掲、田彤編／于臣訳『渋沢栄一と中国』一七四頁。
(32) 中村義等編『近代日中関係史人名辞典』(東京堂出版、二〇一〇年)四一四〜四一五頁。
(33) 翟新『東亜同文会と中国——近代日本における対外理念とその実践』(慶応義塾大学出版会、二〇〇一年)五頁。
(34) 「掲破日人対我積年之陰謀及我国之覚悟」(『正誼』一巻六号、一九一四年一二月)。
(35) 「大阪ホテルに於て」(『竜門雑誌』三一四号、一九一四年(『伝記資料』三二巻、五九三頁))。
(36) 一九一三年三月に、袁は議院内閣制を独裁制の最大の敵として、国会議員選挙で勝利を得た国民党の宋教仁を暗殺し、四月に議会の反対を押し切って五か国(英国、仏国、ドイツ、日本、ロシア)銀行団から借款をおこない、独裁のための資金を確保せんとした(善後大借款)。孫文の指導のもとで、袁世凱の独裁政治を覆すために、一九一三年七月に李烈鈞が江西省で武装蜂起をおこない、黄興が呼応したが、結局鎮圧された。
(37) 大連『満洲日日新聞』一九一四年六月二日(田彤編『一九一四渋沢栄一中国行』華中師範大学出版社、二〇一三年)二八頁。
(38) 前掲、田彤編／于臣訳『渋沢栄一と中国』に収録されている「時事新報」、「東方雑誌」、「政府声明」の記事を参照。

(39) 同前、田形編／于臣訳『渋沢栄一と中国』一七八頁。
(40) 同前、田形編／于臣訳『渋沢栄一と中国』一七一頁。
(41) 「我経済界の三大急務」(『銀行通信録』三九巻二三一号、一九〇五年(『伝記資料』別巻第六、三二五頁))。
(42) 「渋沢男大成功」(『時事新報』一九一四年五月二九日)。
(43) 東亜文化研究所編『東亜同文会史』(霞山会、一九八八年)二一八頁。

コラム3

渋沢栄一と汎太平洋同盟

飯森明子

太平洋の中心から環太平洋地域をつなぐ運動

ハワイの雑誌『ミッド・パシフィック・マガジン』（*The Mid-Pacific Magazine.* 以下「MPM誌」と略す）一九二二年（大正一一）一月号の表紙を飾ったのは、渋沢栄一の肖像写真である（図3）。この雑誌は、ハワイを「太平洋の中心」（図4）として、環太平洋諸国・地域の相互理解と連携をめざした汎太平洋同盟（Pan-Pacific Union）（以下、PPUとする）の機関誌である。一九一七年（大正六）の設立以来、太平洋戦争開戦前まで、PPUはこれら地域から政府や民間知識人の代表を集め、科学、教育、商業、新聞、女性など、様々な分野での国際会議をハワイで主催した。なかにはのちに独立した国際会議として戦後に続くものもある。たとえば汎太平洋女性会議も戦後まで続いたが、この第一回会議参加者の渡航費は渋沢らが支援していた。

環太平洋地域の民間知識人による太平洋問題調査会（IPR）よりやや早く活動を始めたPPUは、その理念や活動からIPRの先駆的団体と先行研究の多くは評価する。ではIPRを支援した渋沢とPPUとその関係者とのつながりはどのようであったのだろうか、以下、紹介してみたい。

PPU日本支部、汎太平洋協会の設立

第一次世界大戦終戦後、政治軍事では日米間には比較的協調関係がみられたが、米国本土での日本人移民排斥運動への対応に苦慮する状況が続いていた。一九二〇年（大正九）春、渋沢もニューヨークのヴァンダリップ（Frank A. Vanderlip）やサンフランシスコのウォレス・アレクサンダー（Wallace M. Alexander）ら米国各地の商業会議所関係者の来日に際し、日米関係委員協議会や日米有志協議会などを開催して、貿易促進と共にそれらの協議が続いた。しかしその年の秋、日米協会では日米関係を「暗雲常に頭上を蓋ふの観あり」と記して当時の日本のムードを伝えている。

同年九月六日、来日した米国議員団（四四名）の歓迎園遊会が日米協会主催により開かれ、貴族院議長で副会長徳川家達と、名誉会長渋沢も含め五八六名が集まった。なかにはPPUの幹部のヒューム・フォード（Aleander

図３　*The Mid-Pacific Magazine*（Jan. 1922）の表紙
（所蔵）ハワイ大学。

Hume Ford）もいた。MPM誌を編集していたフォードは、同年PPUによるホノルルでの汎太平洋科学会議の成功を受けて、専門家による国際会議を継続するため各国政府や有力財界人に財政支援を求めていた。一方、日本側でも米国側有力者との接触を求めており、八日徳川とフォードにより「汎太平洋連合会」の午餐会が開かれた。席上、フォードは商工業生産貿易等の改善に関する会議開催と、PPUの日本支部設立を求めた。

さっそく一七日、徳川家達を会長にPPUの日本支部として汎太平洋協会（Pan-Pacific Association）が発会した。同会は貴族院や衆議院の議員らを中心に会員が環太平洋の各界要人の講演を聞き、相互理解を深めた。また、貴族院書記官長河井弥八、衆議院書記官長寺田栄が幹事として事務を担当することになった。原敬首相も、消極的に個人の資格として、PPU名誉会長の就任を承諾した。渋沢は一九二一年九月までに汎太平洋協会の役員と後述する汎太平洋倶楽部会長に就任している。

一八六八年サウスカロライナ生まれのフォードは、一八八〇年代後半ごろにニューヨークでウィリアム・グリフィス（William E. Griffis）の講演を聞いた。グリフィスは、日本の文化や侍のこと、徳川家について話をしたが、それ以来フォードは日本に関心を持つようになったという。世紀末ごろから東アジアや極東ロシアを回ったあと、一九〇七年頃からハワイに住みホノルルの国際主義者たちと交流するようになった。

MPM誌は、一九二二年（大正一一）一月にワシントン会議に出席した徳川と、同時期に最後の訪米をした渋沢のホノルル訪問について記事を載せたり、同年秋のPPU商業会議参加予定者の写真を掲載した。徳川も渋沢も結局商業会議に欠席したが、渋沢は以下の挨拶文を寄せた。国際会議の意義は、宗教人種文化の違いへの寛容と許しの精神を高める機会にある。これは「孔子の言葉で『恕』、すなわち許しである。国際政治や国家間での平和と友誼のためには互いを知ること、そのために古代中国の賢人の『恕』の精神に倣って、私は国際会議を進めたい」（MPM誌 Dec. 1922）。

これに対して翌一九二三年（大正一二）関東大震災の直後、フォードは渋沢への書簡で同情と協力を申し出る一方で、「我汎太平洋同盟は過去十五年間米・日・支三人種の協調の為に努力し来り、為に今日漸く彼等は人種の相違を忘れて一堂に会するに至り候」（『伝記資料』三七巻、四一四頁）と送り、フォードの関心が翌年の食糧保存会議に移っていたことが伺える。

さらに追い打ちをかけたのが、一九二四年（大正一三）四月排日移民法が通過し、国内は対米批判に覆われた。一七日、渋沢は汎太平洋協会の会合で「永い間亜米利加との関係を継続して骨を折つて居た甲斐もないと、余りに馬鹿らしく思はれ、社会が嫌になる位になつて、神も仏も無いのかと云ふ様な愚痴さへ出し」た（『伝記資料』三七巻、四三三～四三四頁）。この日の渋沢の心情を吐露した姿を河井も「さらに一言」という言葉で日記に記した。が、同年初夏以降も渋沢はフォードの依頼を受けると、わずかな望みを託すように、会員へ参加者渡航費の寄付を呼びかけた。

IPRとPPUの並行

排日移民法の成立は国際交流関係者に大きな衝撃を与えていた。例えば、日米協会初代会長の金子堅太郎は抗議して会長を辞任した。ロータリークラブの米山梅吉も汎太平洋倶楽部での演説を拒絶した、と河井は四月一九日の日記で伝える。これに対して、フォードは「東洋人の排斥の改正の為に凡有努力を試むる時は久しからずして実現すべしと信じ申候」ことと、将来の会議で人種問題や人口に関する一部門を設けることで解決可能という楽観的な見込みを示し、日本の実情理解はけっして十分ではなかった（『伝記資料』三七巻、四三八～四四二頁）。

一方、国内では汎太平洋協会のほかに、活動を拡大させるために東京や大阪に地域支部として汎太平洋倶楽部が結成された。一九二三年（大正一二）四月から東京では原則毎週金曜に定例午餐会を開き、関係各国や日本の要人の講演を通じて、会員内で環太平洋地域について相互理解をはかろうとした。

だが同じ頃、もう一つの環太平洋地域を連携する動きが始まっていた。ハワイの実業家でYMCAの幹部、PPUにも関与していたアサートン（Frank C. Atherton）は、一九二五年（大正一四）七月の太平洋問題調査会（IPR）第一回太平洋会議を率いていた。彼は日米関係委員会の一人として、渋沢の一九一五年（大正四）訪米で知遇を得ていた。アサートンはフォードを紹介しながら、IPRはPPUと「目的は大体両団体共に同一に候へば、同会は協同にて事業を遂行致し互に提携致居候」（『伝記資料』三九巻、四三六～四三七頁）と、IPRへの支援を求め、渋沢は活動支援の軸をIPRに移すことにつながる。

結局、排日移民法の撤廃のみが親善の前提と考えていた渋沢は、フォードに敬意を払う書簡を送り続けていた。しかし一九二六年（大正一五）夏までに幹事寺田が没し、河井も内大臣秘書官に転じ、それまで日本側で中核を担っていた実務担当者がPPUから離れ始めていた。それでも比較的安定していた日米関係に支えられて、満州事変勃発の前日一九三一年（昭和六）九月一七日までは、汎太平洋協会の定例午餐会も盛会が続いた。MPM誌一二月号は、日本での同年前半の活動を特集した。しかしながら、満州事変の勃発と、一一月渋沢の死去により、PPUを日本でリードするのは徳川家達に託されることになる。

MPM誌は渋沢を「公」の企業家（MPM誌 Feb. 1932）と追悼記事で称賛し、PPU第二回商業会議の報告書は、渋沢に代わって参加した渋沢正雄の次のような演説を掲載し、渋沢の望みを次世代へつなげた。「父は日米の良好な関係をより確実なものとするため、もう一度米国を訪問できると望んでおりました。それが太平洋の平和と繁栄の礎を創ると父が信じていたからであります」。しかし、時代はエリートを対象とした理想主義的な交流から、知識人や青少年など多くの人々が参画した討議や活動へと移り始めていたのである。

図４　汎太平洋会議のポスター

（出所）*The Mid Pacific Magazine*, Jul. 1919.

参考文献

飯森明子「初期汎太平洋同盟（ＰＰＵ）と日本の対応――ＩＰＲへの日本の原点」（『アジア太平洋討究』（早稲田大学、三五号、二〇一九年）。

片桐庸夫『太平洋問題調査会の研究』（慶応義塾大学出版会、二〇〇三年）。

「河井弥八日記」（掛川市教育委員会所蔵）。

木内キヤウ『伝記叢書　教育一路・汎太平洋婦人会議に列して』（大空社、一九八九年）。

『伝記資料』三七巻。

汎太平洋会議雑件　附「ホノルル」通商会議　第二巻」（外務省外交史料館所蔵 JACAR Ref. B07080546000）。

廣部泉「環太平洋共同体の萌芽」、瀧田佳子編『太平洋世界の文化とアメリカ――多文化主義・土着・ジェンダー』、（彩流社、二〇〇五年）。

「邦文記録　第二号」（日米協会所蔵）。

山岡道男編著『太平洋問題調査会［一九二五～一九二六］とその時代』（春風社、二〇一〇年）。

Nineteenth National Foreign Trade Convention and Ninth Pacific Foreign Trade Convention, Honolulu, Hawaii, May 4, 5, 6, 1932.

Special Bulletin 5, America-Japan Society, 1927,

The Mid-Pacific Magazine http://hdl.handle.net/10524/35494

Tomoko Akami, *Internationalizing the Pacific* (Routledge, 2002).

付録　渡米実業団（一九〇九年）関係資料

一　参加者一覧

商業会議所	氏名	一九〇九年肩書	後年等の主な活躍
東京	渋沢栄一	第一銀行頭取	（略）
	渋沢兼子	渋沢栄一夫人	
	増田明六	随行員（渋沢栄一）	渋沢栄一秘書
	高梨タカ子	随行員（渋沢栄一の姪）	社会学者
	中野武営	東京商業会議所会頭	衆院議員
	加藤辰弥	随行員（中野武営）	
	日比谷平左衛門	鐘淵紡績社長	日清紡績会長
	飯利来作	随行員（日比谷平左衛門）	
	佐竹作太郎	東京電灯社長	衆院議員
	名取和作	随行員（佐竹作太郎）	貴院議員
	岩原謙三	三井物産取締役	日本放送協会会長
	根津嘉一郎	東武鉄道社長	衆院貴院議員　男子中等教育事業に尽力
	上田碩三	随行員（根津嘉一郎）	同盟通信社編集長

	堀越善重郎	堀越商会主	
	堀越科子	堀越善重郎夫人	
	小池國三	小池合資会社社長	小池銀行創立
	飯田旗郎	随行員（小池國三）仏文学者	
	原林之助	清水組支配人	
	田辺淳吉	随行員（原林之助）	建築家
	町田徳之助	絹糸商	町田報徳学舎（男子商業学校）設立
	高辻奈良造	鐘淵紡績取締役	
	渡瀬寅次郎	東京興農園主	東京市養育院委員など
	神田乃武	学習院教授・東京高等商業学校教授	貴院議員
	神田熊千代子	神田乃武夫人	
	南鷹次郎	東北帝大農科大学教授	東北帝大総長
	巖谷季雄（小波）	博文館員　早稲田大学講師　渡米実業団記録係	
	熊谷岱蔵	東京帝大医科大学病院助手	東北大学医科大学教授、東北大学総長
大阪	土居通夫	大阪商業会議所会頭　大阪電灯社長	
	高石真五郎	大阪商業会議所書記長	大阪毎日新聞社外信部長、主筆を経て常務取締役
	中橋徳五郎	大阪商船社長	田中義一内閣商工相、犬養毅内閣内相
	村田省蔵	随行員（中橋徳五郎）	日清汽船社長、第二次近衛内閣逓信相兼鉄道相
	大井卜新	東京硫酸社長	衆院議員
	石橋為之助	大阪朝日新聞社員	衆院議員

	岩本栄之助	株式仲買商	
	松村敏夫	弁護士	
	坂口平兵衛	製糸業	米子銀行頭取
京　都	西村治兵衛	京都商業会議所会頭　商工貯蓄銀行頭取	衆院議員
	西池成義	洛北水力電気社長	
	藤江永孝	市立京都陶磁器試験所長	
横　浜	大谷嘉兵衛	横浜商業会議所会頭　日本製茶社長	貴院議員
	亀田行蔵	随行員（大谷嘉兵衛）	
	左右田金作	左右田銀行頭取	貴院議員
	原龍太	横浜水道局工師長	東京帝大工科大学教授
	紫藤章	市立横浜生糸試験所長	熊本商業会議所会頭
神　戸	松方幸次郎	神戸商業会議所会頭　川崎造船所社長	衆院議員「松方コレクション」
	多木粂次郎	肥料製造業	
	多木うの子	多木粂次郎夫人	
	田村新吉	輸出商田村商会主	衆院・貴院議員、種々社会事業に尽力
名古屋	神野金之助	名古屋商業会議所議員　明治銀行頭取	
	上遠野富之助	日本車両会社取締役	名古屋鉄道社長
	伊藤守松	伊藤銀行取締役	松坂屋社長

（作成）渋沢史料館編『渋沢栄一、アメリカへ』「資料一、渡米実業団のメンバー」（二〇〇九年、渋沢史料館、五四～五九頁）をもとに飯森明子作成。

二　渡米実業団訪問都市・コース一覧（一九〇九年）

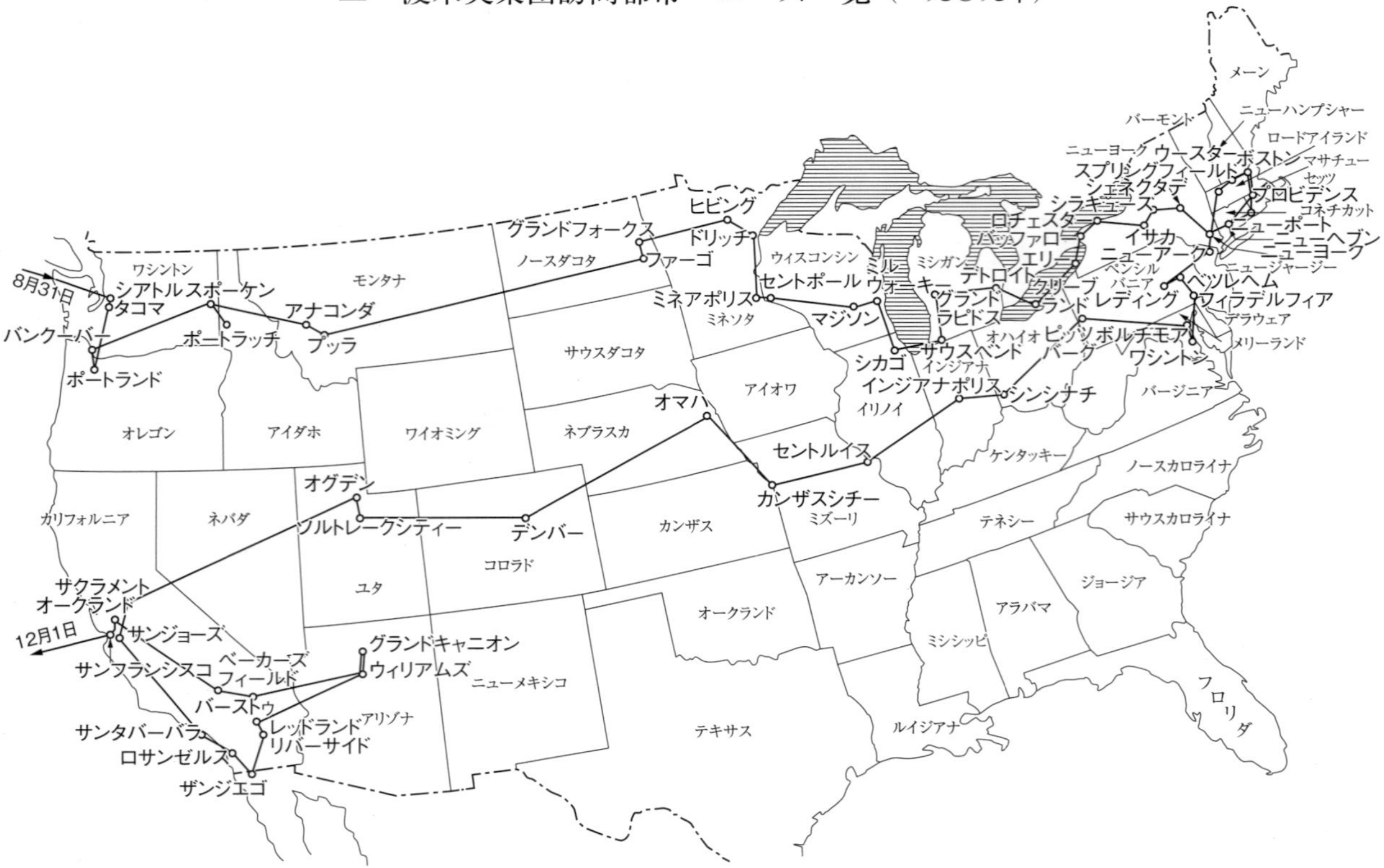

（出所）渋沢雅英『復刻版 太平洋にかける橋——渋沢栄一の生涯』（不二出版、二〇一七年）。

《編著者紹介》

飯森　明子（いいもり・あきこ）

1957年　生まれ。
1980年　津田塾大学学芸学部国際関係学科卒業。
2000年　常磐大学大学院人間科学研究科博士後期課程修了。博士（人間科学）。
現　在　早稲田大学アジア太平洋研究センター特別センター員。
　　　　渋沢研究会運営委員。日本国際文化学会常任理事。
著　作　『関東大震災と日米外交』（共著，草思社，1999年），
　　　　『太平洋問題調査会［1925～1961］とその時代』（共著，春風社，2010年），
　　　　『もう一つの日米交流史――日米協会資料で読む20世紀』（共著，中央公論新社，2012年），
　　　　『戦争を乗り越えた日米交流――日米協会の役割と日米関係　一九一七―一九六〇』（彩流社，2017年）。

渋沢栄一と「フィランソロピー」⑤
国際交流に託した渋沢栄一の望み
――「民」による平和と共存の模索――

2019年10月30日　初版第1刷発行　〈検印省略〉

定価はカバーに
表示しています

編著者　飯森明子
発行者　杉田啓三
印刷者　藤森英夫

発行所　株式会社　ミネルヴァ書房
607-8494　京都市山科区日ノ岡堤谷町1
電話代表　(075)581－5191
振替口座　01020－0－8076

亜細亜印刷

ISBN978-4-623-08658-0
Printed in Japan

責任編集者紹介

見城　悌治（けんじょう・ていじ）

1961年　生まれ。

1990年　立命館大学大学院文学研究科博士後期課程単位取得退学。博士（文学）。

現　在　千葉大学国際教養学部教授。

著　作　『渋沢栄一――「道徳」と経済のあいだ』日本経済評論社，2008年。

『近代東アジアの経済倫理とその実践――渋沢栄一と張謇を中心に』共編，日本経済評論社，2009年。

『近代報徳思想と日本社会』ぺりかん社，2009年。

『日華学報（復刻版）』共編，ゆまに書房，2013年。

『留学生は近代日本で何を学んだのか』日本経済評論社，2018年。

『帰一協会の挑戦と渋沢栄一』（渋沢栄一と「フィランソロピー」②）編著，ミネルヴァ書房，2018年。

飯森　明子（いいもり・あきこ）

編著者紹介欄参照。

井上　潤（いのうえ・じゅん）

1959年　生まれ。

1984年　明治大学文学部史学地理学科日本史学専攻卒業。

現　在　公益財団法人渋沢栄一記念財団業務執行理事・事業部長・渋沢史料館館長。他に企業史料協議会監事，国際常民文化研究機構（神奈川大学）運営委員，（公財）北区文化振興財団評議員，（公財）埼玉学生誘掖会評議員等を兼任。

著　作　『村落生活の史的研究』共著，八木書店，1994年。

『公益の追求者・渋沢栄一――新時代の創造』共著，山川出版社，1999年。

『地域開発と村落景観の歴史的展開――多摩川中流域を中心に』共著，思文閣出版，2011年。

『渋沢栄一――近代日本社会の創造者』山川出版社，2012年。

『記憶と記録のなかの渋沢栄一』共著，法政大学出版局，2014年。

『渋沢栄一記念財団の挑戦』共著，不二出版，2015年。

『渋沢栄一に学ぶ「論語と算盤」の経営』共著，同友館，2016年。

執筆者紹介（執筆順，＊は編著者）

＊飯森　明子（いいもり・あきこ）　はしがき，序章，第六章，第七章，コラム３，付録
編著者紹介欄参照。

櫻井　良樹（さくらい・りょうじゅ）　第一章
1957年　生まれ。
1988年　上智大学大学院文学研究科博士課程満期退学。博士（史学）。
現　在　麗澤大学外国語学部教授。
著　作　『阪谷芳郎東京市長日記』共編，芙蓉書房出版，2000年。
『帝都東京の近代政治史』日本経済評論社，2003年。
『加藤高明――主義主張を枉げるな』ミネルヴァ書房，2013年。
『国際化時代「大正日本」』吉川弘文館，2017年。

木村　昌人（きむら・まさと）　第二章
1952年　生まれ。
1989年　慶應義塾大学大学院法学研究科（政治学専攻）博士課程修了。法学博士。
2019年　博士（文化交渉学）（関西大学大学院東アジア文化研究科）。
現　在　関西大学客員教授，神田外語大学非常勤講師。
著　作　『日米民間経済外交　1905 1911』慶應通信，1989年。
『財界ネットワークと日米外交』山川出版社，1997年。
Tumultuous Decade: Empire, Society, and Diplomacy in 1930s Japan, edited by Masato Kimura and Tosh Minohara,（University of Toronto Press, 2013).
『グローバル資本主義の中の渋沢栄一――合本キャピタリズムとモラル』共著，東洋経済新報社，2014年。

中嶋　啓雄（なかじま・ひろお）　第三章
1967年　生まれ。
1997年　一橋大学大学院法学研究科博士後期課程単位取得退学。博士（法学）。
現　在　大阪大学大学院国際公共政策研究科教授。
著　作　『モンロー・ドクトリンとアメリカ外交の基盤』ミネルヴァ書房，2002年。
"The Monroe Doctrine and Russia: American Views of Czar Alexander I and Their Influence upon Early Russian-American Relations," *Diplomatic History*, Vol. 31, No. 3（June 2007）
"Beyond War: The Relationship between Takagi Yasaka and Charles and Mary Beard," *Japanese Journal of American Studies*, No. 24, 2013.

ジェファー・デイキン（Jeffer Daykin） 第四章

1970年 生まれ。

2008年 ポートランド州立大学歴史学修士（M.A. History from Portland State University）。

現 在 ポートランド・コミュニティ・カレッジ専任講師（歴史・国際関係）（Instructor of History and International Studies at Portland Community College）。

著 作 “The Glocalization of John Dewey's Educational Philosophy in Republican-Era China,” *The American Journal of Chinese Studies* 21, No. 1 (April 2014): 201-213.

“International Ambitions of an Exhibition at the Margin: Japan's 1903 Osaka Exposition.” *In Cultures of International Exhibitions, 1840-1940,* edited by Marta Filipova. London: Ashgate, 2015, 333-349.

高光 佳絵（たかみつ・よしえ） 第五章

1970年 生まれ。

2000年 一橋大学大学院法学研究科博士後期課程公法国際関係専攻修了。博士（法学）。

現 在 千葉大学国際教養学部准教授。

著 作 『アメリカと戦間期の東アジア―アジア・太平洋国際秩序形成と「グローバリゼーション」』青弓社，2008年。

『1920年代の日本と国際関係――混沌を超えて「新しい秩序」へ』共著，春風社，2011年。

『近代中国をめぐる国際政治』共著，中央公論新社，2014年。

“Improving US-Japanese Relations through the News Media: Roy W. Howard, Dentsu, and the Osaka Mainichi”, *The Japanese Journal of American Studies*, 29, 2018.

名村 優子（なむら・ゆうこ） コラム1

1975年 生まれ。

現 在 立教大学大学院文学研究科博士後期課程在籍。

著 作 「1933-1934年のブラジル新憲法制定議会における排日運動と日本の外務当局の対応」（共著）『立教大学ラテンアメリカ研究所報』45，2016年。

メスロピャン・メリネ（Mesropyan Meline） コラム2

1985年 生まれ。

2019年 東北大学大学院国際文化研究科博士後期課程修了。博士（国際文化）。

著 作 「ダイアナ・アプカーの日本における人道的活動――アルメニア人大虐殺（1915-23）を逃れた避難民の救済」『国際文化研究』第22号，2015年。

「二〇世紀初頭の日本とアルメニア難民――ディアナ・アプカーの役割を中心に」『渋沢研究』第31号，2019年。

金　明　洙（きむ・みょんす）　第八章

1970年　生まれ。

2010年　慶應義塾大学大学院経済学研究科博士課程修了。博士（経済学）。

現　在　啓明大学校人文国際学大学国際地域学部日本学専攻副教授。

著　作　『仁取盛衰記——米穀取引所仁川米豆取引所の興亡盛衰』編訳，仁川大学校仁川学研究院，2015年。

「戦時期における朝鮮社会の動向と朝鮮実業倶楽部」（柳沢遊・倉沢愛子編著『日本帝国の崩壊——人の移動と地域社会の変動』慶應義塾大学出版会，2017年）。

「大韓帝国期の『お雇い外国人』に関する研究—平式院の日本人技術者井上宜文の事例」（李盛煥・木村健二・宮本正明編著『近代朝鮮の境界を越えた人びと』日本経済評論社，2019年）など。

于　　　臣（う・しん）　第九章

1974年　生まれ。

2006年　東京大学大学院教育学研究科総合教育科学専攻博士課程修了。博士（教育学）。

現　在　横浜国立大学国際戦略推進機構基盤教育部門准教授。

著　作　『公共する人間2　石田梅岩　公共商道の志を実践した町人教育者』共著，東京大学出版会，2011年。

『渋沢栄一と中国——1914年の中国訪問』抄訳，不二出版，2016年。

『渋沢栄一は漢学とどう関わったのか——「論語と算盤」が出会う東アジアの近代』共著，ミネルヴァ書房，2017年。

人名索引

あ　行

か　行

さ　行

た　行

な・は行

ま　行

や　行

ら・わ行

事項索引

欧　文

あ　行

か　行

さ　行

た　行

な　行

は　行

ま・や行

ら・わ行